지역사회 선교의 도구
교회평생교육

지역사회 선교의 도구

# 교회평생교육

교회평생교육연구소

The Church Lifelong Education

지우

들어가며 _7
출판사 서문 _9

1부 교회평생교육 알아보기
 1. 교회평생교육이 무엇인가요? _15
  1) 평생교육이란? _15
  2) 교회평생교육이란? _17
   (1) 교회평생교육의 개념 _17
   (2) 성경에서 말하는 교회평생교육 _19
   (3) 교회평생교육의 역사 _27
 2. 교회평생교육의 운영 목적은 무엇인가요? _30
  1) 지역사회 선교와 전도를 위한 교회평생교육 _32
   (1) 지역사회에서 교회의 역할 _32
   (2) 지역사회 선교와 전도 _34
  2) 배움의 과정을 통한 성도의 영적 성장과 회복 _40
  3) 성도의 달란트 발견 및 소명적 삶 실천 _44

2부 교회평생교육 운영하기
 1. 언제 하나요?(When) _51
  1) 대상자의 특성에 따른 기간 설정 _52
  2) 프로그램의 특성에 따른 기간 설정 _54
 2. 어디에서 하나요?(Where) _57
  1) 교회 안에서 진행 _61
  2) 교회 밖에서 진행 _67
  3) 체험봉사를 통한 이웃 사랑 실천 _73

3. 누가 하나요?(Who) _76

　1) 교회 인적자원의 활용 _76

　2) 교회평생교육 교수법의 중요성 _88

　3) 교회 밖 강사의 활용 _90

4. 무엇을 하나요?(What) _92

　1) 평생교육 영역의 이해 _92

　　(1) 평생교육 6대 영역 분류의 정의 _92

　　(2) 평생교육 6대 영역의 구성 _93

　2) 교회평생교육 프로그램 영역 분류 _95

　　(1) 교회평생교육 프로그램 6대 영역 분류의 필요성 _95

　　(2) 교회평생교육 프로그램 6대 영역 분류의 구성 및 예시 _96

5. 왜 하나요?(Why) _107

　1) 전도 패러다임의 변화 _107

　2) 지역사회에서의 교회의 역할 _107

　3) 교회평생교육을 통한 사명 발견 _108

6. 어떻게 하면 되나요?(How) _109

　1) 분석(Analysis) _110

　　(1) 교회상황분석 _111

　　(2) 지역사회분석 _111

　2) 적합(Good) _113

　　(1) 수요조사를 통한 교육 프로그램 개발 _113

　　(2) 성도 및 지역사회 주민의 프로그램 제안 공모 _114

　　(3) 교회평생교육 전문가에게 위탁 _115

3) 배정(apportion) _116

　(1) 인적자원(강사, 운영진) _116

　(2) 장소 _117

　(3) 금전적 자원 _117

4) 실행(Practice) _121

　(1) 교회에서 직접 운영 _121

　(2) 장소만 제공 _121

　(3) 운영방법 _121

　(4) 실행에 필요한 모집, 체크 리스트 _122

5) 평가(Evaluation) _126

　(1) 운영목적에 대한 평가(점검) _127

　(2) 프로그램에 대한 평가 _128

　(3) 프로그램 만족도 평가 _131

　(4) 운영관계자 자체평가 _133


3부 교회평생교육 운영 가이드, 운영 사례는?

사례 1. 지역사회 선교를 위한 '교회평생교육'을 시작하다(○○교회) _141

사례 2. 우리교회는 교회평생교육을 이렇게 시작했어요 _152

사례 3. 우리교회 상황을 살펴볼까요? _154

사례 4. On-Line을 활용한 교회평생교육 _159

사례 5. 작은 도서관 설립으로 전도하다 _162


참고문헌 _164

# 들어가며

**교회평생교육**

The Church Lifelong Education (CLE)

**교회평생교육**은 성경적 가치관을 바탕으로 다양한 배움의 과정을 통해 지역사회를 향한 선교의 기회를 제공하고 성도들의 영적 성장을 도모하며 그들을 소명적 삶으로 초대하는 중요한 선교적 **도구입니다.**

이전과는 다르게 전도의 패러다임이 많이 바뀌었습니다. 더이상 전도지를 나눠준다고 해서 전도가 되는 시대가 아닙니다.

전도를 위해서는 사람을 만나야 하고 그러기 위해선 다양한 접촉점과 수단이 필요합니다. 하지만 코로나 시기를 거치며 노방·축호전도를 비롯해 사람과 만날 수 있는 상황들이 많이 위축된 것도 사실입니다.

이제 선교와 전도를 위해서는 만날 수 있는 접촉점과 도구에 대한 관심과 실행이 필요합니다. 지역사회 주민들이 교회로 발걸음을 쉽게 옮길 수 있도록 돕는 선교의 한 도구로 교육이 필요합니다. 즉, 믿음이 없는 사람들에게 교육을 활용한 만남의 장을 열어 교육공동체로서의 지식 나눔을 통해 복음을 전하는 것입니다.

예수님께서도 가르치시는 사역에 힘쓰셨듯이 교육은 교회의 중요한 사명입니다. 또한 교회평생교육은 성도가 가지고 있는 다양한 달란트를 발굴하고 귀히 쓰이게 함으로 각 사람에게 주신 은사가 선교적 삶으로 발현될 수 있도록 돕습니다. 예를 들면 어학, 요리, 음악, 미술 등 일상생활에 필요한 달란트가 있는 성도가 강의를 위해 필요한 교육을 받은 뒤, 교회 내 관련된 곳을 섬기고 나아가 지역사회 복음 전파의 선교적 역할도 감당하는 것입니다.

이를 위해 백석대학교 기독교전문대학원 평생교육 HRD 전공의 교수와 졸업생 및 재학생 등을 중심으로 기도하는 가운데 「교회평생교육연구소」를 설립하였고, 교회평생교육이 선교의 도구로 활용되는 데 도움이 되고자 이 책을 집필하게 되었습니다. 함께 저술에 참여해주신 모든 분들과 출간에 힘써주신 도서출판 지우에게 감사를 드립니다. 무엇보다 이 책이 나오기까지 함께 해주신 하나님께 감사와 영광을 돌립니다.

# 출판사 서문

초기 한국교회의 성장에는 성서번역위원회가 세워진 1887년 이래로 성경과 찬송가를 비롯 다양한 책들을 만들어 낸 출판문화운동과 피폐해진 민중의 삶을 돌보고 특별히 질병 퇴치에 앞장섰던 다양한 사회봉사운동의 역할이 적지 않았습니다. 이후 기독출판은 1933년에 확정된 한글 맞춤법 통일안을 반영한 성경과 찬송가를 출간하면서 한글 보급에 크게 기여했고, 사회봉사운동은 질병과 가난으로부터 민중의 삶을 개선하고 이들의 시민문화의식의 수준을 한층 끌어올리는 역할을 감당했습니다.[1]

신자는 하나님의 계시의 말씀인 성경을 늘 배우고 묵상하며, 그 말씀대로 따라 살기에 힘써야 합니다. 이처럼 기독교는 배움, 즉 교육하기에 힘쓰는 종교입니다. 또한 말씀에 따른 순종과 실천을 강조

---

1  김수진(2012). 한국 장로교 총회 창립 100년사 1912-2012. 서울:홍성사. 173-196.

합니다. 한국교회는 교육과 함께 시작되었고, 배움에 따른 실천을 생활화하면서 그 사회적 역량이 커졌습니다. 독립선언서를 작성한 민족대표 33인 중 16명이 기독교인인 것은 훌륭한 사례입니다. 이 책에서 소개하는 교회평생교육(The Church Lifelong Education)에는 이웃과 사회에 필요한 배움을 나누며 사랑과 섬김의 본을 보인 한국교회의 아름다운 전통과, 말씀에 순종하며 그리스도의 제자 된 삶에 헌신했던 허다한 믿음의 선배들의 소중한 발자취가 담겨 있습니다.

교회평생교육은 다양한 배움의 과정을 지역사회에 제공함으로 이웃을 섬기고 전도의 기회를 모색하는 소중한 사랑의 실천이자 선교의 장입니다. 이 책에는 이러한 교회평생교육에 대한 정의와 당위, 그리고 실행을 위한 구체적인 방법과 사례 등이 담겨있습니다. 이복희 교수님을 중심으로 한 교회평생교육연구소의 오랜 수고로 탄생한 이 책이 이 일을 꿈꾸거나 준비하고 있지만 당장 무엇부터 시작해야 할지 막막한 이들에게 귀한 도움의 손길이 되기를 소망합니다.

지우

# ◑ 한 눈으로 '교회평생교육' 알아보기 ◑

**무엇인가요?**
교회평생교육

1. 교회평생교육이 무엇인가요?
2. 교회평생교육의 운영 목적은 무엇인가요?

**01**

1. 언제 하나요?      **어떻게 하나요?**    **02**
2. 어디에서 하나요?
3. 누가 하나요?
4. 무엇을 하나요?
5. 왜 하나요?
6. 어떻게 하면 되나요?

**03**

**운영 사례는?**
1. 사례 1. ○○교회
2. 사례 2. 교회평생교육을 시작했어요
3. 사례 3. SWOT분석 활용
4. 사례 4. On-Line 활용
5. 사례 5. 작은 도서관 설립

지금부터 교회평생교육(CLE-가이드)과 함께 살펴 볼까요?

# 1부
# 교회평생교육 알아보기

**교회평생교육이 무엇인가요?**
- 현재 우리교회에서 진행하는 교육도
교회평생교육일까요?

**교회평생교육의 운영 목적은 무엇인가요?**
- 교회평생교육을 운영하면
교회에 뭐가 좋지요?

## ⊘ 잠깐 들어볼까요?

- **A교회 목사:** 최근 교회사역이나 전도가 너무 어렵습니다. 기도 부탁드려요.

- **B교회 목사:** 그렇지요! 목사님. 함께 기도하겠습니다. 이번에 우리교회는 그동안 코로나로 문을 닫았던 문화센터를 재개방했습니다. 여러 프로그램을 개설해서 성도와 지역사회 주민들을 참여하게 하려고요. 목사님도 교육 프로그램을 한번 운영해 보시지요. 지역사회 전도의 방법으로 어떠세요?

- **A교회 목사:** 교육이라… 성도들을 대상으로 제자훈련이나 교회학교 교육은 하고 있지만, 지역주민들에게 교육이라… 어떻게 해야 할까요? 시작하기 어렵고 막막한데요.

- **B교회 목사:** 그렇지요? 저도 교회 내 문화센터 프로그램을 운영하고 있지만, 교회 관련 프로그램 외에 이런 교육을 무슨 교육이라고 하는지, 어떻게 시작해야 하는지, 어떤 효과가 있는지 막상 설명하려 하니 어렵네요.

- **CLE-가이드:** 두 분이 교회평생교육에 대해 말씀을 나누고 계시군요. 교회평생교육이란 교회가 기독교 세계관을 기반으로 기획하고 운영하는 모든 교육을 말합니다. 교회평생교육은 지역사회 주민들에게는 교회를 통해 복음을 접할 수 있도록, 성도들에게는 영적 성장과 소명적 삶을 살아갈 수 있도록 초대하는 것입니다. 지금부터 저와 함께 교회평생교육에 대해 알아볼까요?

The **C**hurch **L**ifelong **E**ducation

현재 우리나라 다수의 교회에서는 교회 공간을 종교기관이라는 본질의 기능을 수행하는 곳으로 활용할 뿐만 아니라 성도나 지역사회 주민들을 대상으로 사역, 친교, 배움의 공동체 교육을 운영하는 공간으로도 활용하고 있습니다.

시대와 환경의 변화 그리고 교회의 다양한 역할을 요구받는 지금, 교회평생교육에 대한 이해와 운영은 성도들의 신앙 성장과 함께 지역사회 선교의 새로운 도구방법이 될 수 있을 것입니다.

## 1. 교회평생교육이 무엇인가요?

### 1) 평생교육이란?

교회에서 '평생교육'이란 낯선 용어입니다. 더욱이 교회에서 교육이라고 하면 교회교육, 기독교교육이라는 용어가 일반적이기에, '교회평생교육'이라는 용어는 더욱 낯선 단어입니다. 그럼에도 불구하고 일부 교회에서는 ○○교회 평생배움터, ○○교회 평생교육원이라는 명칭을 사용하고 있습니다. 이외에도 많은 교회에서 ○○교회 문화센터, ○○교회 아카데미 등의 명칭으로 평생교육기관에서 운영하는 다양한 평생교육 프로그램들을 교회에 맞게 변형 혹은 응용하여 운영하고 있습니다.

평생교육이란 '개인의 출생에서부터 죽을 때까지(요람에서 무덤까지) 전 생애에 걸친 수직적 차원의 교육과 학교 및 사회 전체의 수평적 차원의 교육의 통합'이라고 말할 수 있습니다. 즉, 인간의 삶의 질 향상이라는 이념 추구를 위해 태교에서부터 영·유아기, 아동기, 청소년기, 청년기, 성인기, 노년기 교육을 수직적으로 통합한 교육과 사회교육, 학교교육을 수평적으로 통합한 교육의 총칭입니다.

평생교육이란 말 그대로 평생에 걸쳐 행해지는 교육을 의미하는 것으로, 연령과 사회적 한계를 벗어난 일생에 걸친 교육을 의미합니다. 이것은 '평생 학습의 실현'이라는 차원에서 기존의 일반적인 교육의 의미 중 하나인 '학교 중심의 교육'이라는 한계를 더 넓은 교육의 영역으로 확장시키는 역할을 했습니다.

현대사회에서 평생교육은 평균수명의 연장과 더불어 급변하는 사회에 적응하기 위해, 그리고 4차 산업혁명을 거치며 겪는 새로운 시스템 변화의 어려움을 극복하기 위해 그 관심과 필요성이 더욱 높아지고 있습니다.

우리나라에서는 평생교육을 내용에 따라 학력보완교육, 문화예술교육, 인문교양교육, 시민참여교육, 직업능력향상교육, 성인기초문자해득교육 등으로 구분하여 이를 평생교육 6진 분류라고 통칭합니다. 예를 들어 평생교육기관에서 운영하는 어학 분야 프로그램에 참여한다면 이는 인문교양교육이라 할 수 있으며, 음악, 미술 등과 같은 프로그램에 참여하면 문화예술교육 분야에 속한다고 볼 수 있습니다.

## 2) 교회평생교육이란?

### (1) 교회평생교육의 개념

오늘날의 사회는 굉장히 빠르게 변화하고 있습니다. 평생교육이 등장한 배경에는 급격한 사회, 경제, 문화적인 변화를 들 수 있습니다. 어제 학교에서 배운 지식이 오늘의 삶 가운데 더 이상 유효하지 않게 되었습니다.

이러한 시대의 변화 속에서 교회 성도들도 살아가면서 직면하는 많은 문제들을 해결하기 위해 교육의 필요함을 인식하게 되었습니다. 그리스도인의 교육은 선택이 아니라 하나님의 사람으로 살아가기 위한 필수적인 과정입니다. 그리스도인들은 하나님의 말씀을 읽고 적용하는 법을 계속 배워야 하고, 말씀에 기반을 둔, 삶과 연관된 각종 교육을 꾸준히 받아야 합니다.

교회는 예배, 공동체 안에서 성도의 교제, 복음의 전파 그리고 말씀의 순종으로 이루어집니다. 마태복음 28장에 기초한 교회의 지상명령은 '열방을 예수 그리스도의 제자로 만들라'는 말씀을 수행하는 것입니다.

이 맥락에서 교회평생교육은 교회의 영역 안에서 사람들이 예수 그리스도의 성품을 닮도록 도와주는 역할을 할 수 있습니다. 따라서 교회의 교육은 그리스도인의 제자 됨을 위한 것이어야 합니다. 그리스도인들은 믿음의 공동체 안에서 이루어지는 성도의 상호 교제와 복음 전파, 정의, 자비, 섬김, 구제, 친절 등을 통해 세상에 우리가 받은 구원을 나눠야 합니다.

교회평생교육이란 하나님의 은혜에 전적으로 의존하며, 진리 안에서 그리스도를 닮은 인격을 형성하도록 돕는 것을 의미합니다. 또한 하나님이 주신 재능과 소질을 발견하고 성장하게 하여 하나님을 바로 예배하고, 이웃을 사랑하고 섬기는 인간 본연의 소명적 삶을 살도록 가르치는 것입니다. 그러므로 교회평생교육의 주체는 하나님이시며, 교회평생교육의 대상은 인간이고, 교회평생교육의 교사는 성령의 사역을 인정하는 소명 받은 교사입니다.

교회평생교육이란 한 사람의 참 인간성을 회복하고, 그를 하나님의 성품을 닮아가는 인간으로 형성하기 위한 하나의 도구로써 조력자의 역할을 하는 것입니다. 즉, 교회평생교육은 성경적 가치관을 바탕으로 다양한 배움의 과정을 통해 지역사회에 복음을 전하고 성도들이 영적으로 성장하고 소명적 삶을 살도록 초대하는 도구입니다.

**교회평생교육**은 교회가 주관하는 다양한 분야의 배움 과정을 통해 지역사회에 복음을 전파하고 성도의 달란트와 은사를 발굴하며 신앙성장을 이끌어 주는 교육 활동을 의미합니다.

**넓은 의미의 교회평생교육**은 주일학교교육과 제자훈련, 성경공부와 같은 교회교육과 다양한 교육(어학·예술분야 등)을 모두 포함한 개념이며, **좁은 의미의 교회평생교육**은 교회에서 이뤄지는 교회교육보다는 다양한 교육에 더 중점을 둔 교육을 의미합니다.[2]


## (2) 성경에서 말하는 교회평생교육

### ① 교회의 교육 기능과 역할

'교회(敎會)'라는 용어에서 보듯이 가르치는 교육 기능은 교회의 본질 중 하나입니다. 교회는 선교해야 하는 것처럼 교육에도 주력해야 하며, 교육을 소홀히 하는 교회는 교회가 갖추어야 할 필수 요소를 잃어버린 것이라 할 수 있습니다.

디모데후서 3장은 성경의 목적과 성경교육의 유익함을 우리에게 들려줍니다. "또 어려서부터 성경을 알았나니 성경은 능히 너로 하여금 그리스도 예수 안에 있는 믿음으로 말미암아 구원에 이르는 지혜가 있게 하느니라 모든 성경은 하나님의 감동으로 된 것으로 교훈과

---

2  본서에서는 좁은 의미의 교회평생교육을 기준으로 집필했습니다.

책망과 바르게 함과 의로 교육하기에 유익하니 이는 하나님의 사람으로 온전하게 하며 모든 선한 일을 행할 능력을 갖추게 하려 함이라"(딤후 3:15-17)

그리스도인들이 성경을 배우고, 성경으로 교육하는 진정한 목적은 예수 그리스도를 앎으로 구원의 기쁨을 누리는 것(딤후 3:15)과 그리스도를 닮고 그리스도의 인격과 품행을 배워 그분의 형상을 회복하는 것입니다(딤후 3:17). 이와 같은 목적을 위해 성경을 배울 수 있고, 교훈과 책망과 바르게 함과 의로 교육하는 유익함도 누릴 수 있습니다(딤후 3:16). 그래서 모든 그리스도인은 평생 성경을 배우고 가르쳐야 합니다.

이 땅에서 예수님도 **가르치고, 전파하고, 고치시는 일**에 전념하셨고(마 9:35-38), 모든 민족에게 삼위일체 하나님의 이름으로 세례를 베풀어 제자로 삼아 주께서 분부한 모든 것을 가르쳐 지키게 할 것을 명령하셨습니다(마 28:18-20). 이 명령은 예수님을 믿는 모든 성도와 모든 교회의 사명입니다.

평생교육의 핵심인 배움과 가르침은 그리스도인들이 복음을 받아들이고 말씀을 이해, 성찰, 실천하면서 동시에 세상을 향하여 말씀을 선포하고 증거하며 살아가는 삶, 그 자체에 언제나 존재합니다.

교회평생교육의 이념은 교회의 주인이신 예수 그리스도의 교육을 따르는 것입니다. 교회평생교육은 성도가 평생 동안 그리고 생애 어느 시기이든 교육을 통해 예수 그리스도를 닮아가고 그분의 가르침을 실천하여 궁극적으로 하나님나라를 확장해 가는데 이바지하도록 돕는 것입니다.

교회평생교육은 교회라는 특수한 환경에서 행해지기에 일반적인 평생교육기관과는 다른 특별한 원칙이 있습니다. 그것은 성경적 원칙에 근거한 평생교육 활동을 한다는 것입니다. 성경에서 성장의 의미는 예수 그리스도를 닮아가는 것이고 교육을 통해 마음과 삶의 전환을 도모하는 것입니다. 교회평생교육이 추구하는 것은 학습자의 전인격적인 성장과 변화입니다.

### ② 구약에 나타난 평생교육

교회평생교육을 가장 잘 이해할 수 있는 근본적인 원천이자 근거는 하나님의 말씀인 성경입니다. 성경은 복잡하고 다양한 현대사회에 바른 교육의 기준을 제시합니다.

구약에 나타난 평생교육의 모습을 통해 하나님께서 그분의 말씀을 전달하시기 위해 직접 사용하신 다양한 교육 방법들을 살펴볼 수 있습니다. 하나님께서는 하늘로부터 음성을 통해 말씀하셨고 또한 돌판에 직접 쓰기도 하셨습니다. 모세는 하나님의 계시를 받고 이스라엘을 '학습과 가르침의 공동체'라는 의미에서 새롭게 만들어 가고자 했습니다. 모세는 이스라엘에게 "오늘 내가 네게 명하는 이 말씀을 너는 마음에 새기고 네 자녀에게 부지런히 가르치며 집에 앉았을 때에든지 길을 갈 때에든지 누워 있을 때에든지 일어날 때에든지 이 말씀을 강론할 것이며(신 6:6-7)"라고 말합니다. 신명기 6장은 매우 중요한 하나님의 교육적 명령을 보여줍니다. 모세는 이스라엘에게 하나님의 역사하심을 기억하며, 하나님의 명령을 가르치고 무엇보다도 하나님을 사랑하고 경외하며 섬기라고 가르칩니다(신 6:4-9).

모세의 교육은 공동체에서 그들의 믿음을 모든 삶의 영역과 관계하도록 이끌고 있습니다. 평생교육은 언제, 어디서나, 누구에게나 발생될 수 있고 학교, 가정, 교회, 회사, 사회 등 모든 영역에서 이루어질 수 있습니다. 교육 방법 또한 정형화된 것이 아니며 다양한 방법들이 학습자의 상황에 맞게 사용될 수 있습니다. 이런 면에서 신명기 6장은 하나님의 교육적 명령으로 오늘날 평생교육의 성격을 잘 알려주고 있습니다.

### ③ 신약에 나타난 평생교육

신약에서는 이 땅에 오신 예수님의 모습과 그분의 사역을 통해 평생교육의 근거를 찾을 수 있습니다.

먼저 이 땅에 오신 예수님의 모습을 성육신(incarnation)이라고 합니다. 예수님의 성육신은 매우 교육적입니다. 성육신은 계시적인 행위입니다. 이는 예수님께서 우리 가운데 계신다는 의미이고 가르침을 통해 하나님을 알게 하므로 계시적이라 할 수 있습니다. "말씀이 육신이 되어 우리 가운데 거하시매 우리가 그의 영광을 보니…"(요 1:14), 예수님께서 우리 가운데 거하셔서 가르침으로 하나님을 나타내 보이셨습니다(요 1:18). 또한 성육신의 모습은 완전한 하나님이 완전한 인간으로 오셨다는 의미입니다. 예수님은 우리의 수준으로까지 낮아지셔서 우리가 이해할 수 있는 모습으로 오셨습니다. 여기에서 눈높이 교육의 성경적 근거를 찾을 수 있습니다. 무엇보다 예수님의 기다려주심과 질문을 통해 학습자의 자기주도적 학습을 기대해 볼 수 있습니다. 그리고 이렇게 스스로 답을 찾고 순종과 실천으로 나아올 수 있도록 초대하는 교사의 모습도 찾아볼 수 있습니다.

예수님은 세상을 구원할 메시야로 이 땅에 오셨으나 사역의 대부분은 교육이셨습니다. 예수님은 위대한 스승이고 코치셨습니다. 예수님에 대한 호칭 중에서 두 곳 이상의 복음서에 나타나는 것은 모두 28개가 있는데, 그중 '선생'이라고 번역된 곳이 '예수님'(615번)과 '주님'(191번), 그리고 '인자'(80번)에 이어 네 번째로 많습니다. 성경에서 '선생'이라고 번역된 다섯 단어들은(디다스칼로스, 랍비, 랍오니, 에피스타테스, 카테게테스) 총 70번 등장합니다. 예수님을 선생님이라고 부른 적이 이렇게 많다는 것은 예수님의 사역 가운데 가르치시는 일이 얼마나 중요한 위치를 차지하고 있었는지 알 수 있습니다. 그만큼 기독교가 교육을 강조한다는 것을 알 수 있습니다.[3]

교회의 본질은 교육하는 공동체, 선교하는 공동체, 봉사하는 공동체입니다(마 4:23-25). 예수님께서 이 땅에 오셔서 하신 첫 번째 사역은 가르치는 사역이셨습니다. 제자들을 부르신 후 그들을 가르치시고 훈련시키셨습니다. 부르심을 받은 제자들은 예수님의 가르치심을 통해 훈련되었고 이는 초대교회를 통해 계승되어 기독교 신앙이 계속 이어질 수 있는 기반이 되었습니다.

---

3   로이 B 주크, 예수님의 티칭스타일. 서울:디모데, 30-31.

예수님께서 공생애 3년의 기간 동안 가장 중점적으로 하신 일은 하나님나라의 복음을 전파하시는 일이었습니다. 제자들을 부르시고 교육하고 훈련시키신 최종 목적도 하나님나라의 확장과 복음 증거를 위함이셨습니다. 이를 통해 교회가 수행해야 할 핵심적인 과제는 무엇보다 복음을 전하는 일임을 알 수 있습니다. 따라서 교회가 선교의 사명을 잘 감당하기 위해서는 복음의 본질을 바르게 교육하고 훈련시키고 양육해야 합니다. 교회 안에서의 교육이 더욱 중요한 이유입니다.

예수님께서는 교육과 선교뿐 아니라, 가난하고 병들고 소외된 자들에게 직접 하나님의 사랑을 행함으로 보이셨습니다. 예수님께서 보이신 삶 자체와 교회가 걸어온 역사가 섬김과 봉사의 실천적 삶이었듯이, 오늘날 교회도 역시 사회 속에서의 봉사의 과제를 교회의 핵심 사명으로 인식해야 할 것입니다.

교회에서 교육의 목적은 분명합니다. 누군가를 가르치는 것은 영적인 은사입니다. 가르침의 목적은 교회와 세상에서 봉사하기 위해 하나님의 사람으로 준비시키는 것입니다. 교회에서 특별히 중요한 것은 모든 성도들의 사역, 즉 소명적 삶입니다. 오스 기니스는 그의 책 『소명』에서 마태복음 25장 14-30절의 달란트 비유와 누가복음 19장 12-27절의 므나의 비유를 통해 소명의 네 가지 특징을 설명하며 모든 성도들이 이해하고 적용해야 할 필요가 있다고 강조하고 있습니다. 첫째는 '소명은 섬김으로의 부르심'으로, 우리에게 주어진 달란트와 므나라는 은사를 섬기기 위해 사용해야 한다고 했습니다. 둘째로, '소명은 청지기직'을 의미합니다. 비유에서 주인은 재산과 소유를 종들에게 맡겼을 뿐이라고 설명합니다. 셋째로 '소명은 모험적인 기업가 정신(entrepreneurism)'을 의미한다고 했습니다. 주인은 종들에게 자신이 돌아올 때까지 맡겨진 것을 가지고 장사하라고 하면서, 받은 것을 어떻게 늘릴지에 대해서는 아무런 지침을 주지 않았다고 강조합니다. 그는 우리가 받은 것을 하나님의 영광을 위해, 이웃의 필요를 위해 증식시켜야 함을 강조합니다. 넷째로 '소명은 책임(accountability)'을 의미합니다. 하나님께서는 우리에게 주신 것으로 무엇을 했는지 어느 날 회계하실 것이라고 설명합니다.

교회는 모든 성도들이 하나님으로부터 받은 소명(부르심, call)을 통해 예수님을 알게 하고, 그분을 신뢰함으로 그분을 닮아가며 살아가도록 훈련시킬 뿐 아니라, 다른 사람을 주님께로 인도하도록 부르심(소명, call) 받았음을 알게 해야 합니다. 또한 달란트를 가지고 서로 영향을 주고받으면서 하나님의 영광을 드러내며 살게 해야 합니다. 이처럼 교회평생교육은 교회가 성도들이 소명적 삶을 살아갈 수 있게 하는 좋은 도구요, 통로임을 알 수 있습니다.

모든 하나님의 사람들은 하나님이 주신 그들의 재능을 올바로 사용하고 이를 통해 다양한 사역을 섬기기 위해 늘 말씀을 배우고 무장하는 훈련을 받아야 합니다.

### ④ 지역사회 평생교육에 대한 교회의 기능

지역사회 평생교육에 대한 교회의 기능은 다음과 같습니다. 첫째, 선포적 기능입니다. 이는 교회의 가장 중요한 사명으로 그리스도의 말씀을 전하는 것이고, 동시에 때와 시기를 알리는 기능입니다. 전자는 그리스도에 대한 신앙과 이웃에 대한 봉사를 그 내용으로 하고 있고, 후자는 사회적 위기를 알리는 시대적 경종의 의미를 내포하고 있습니다. 그러므로 선포적 기능은 지역주민들과 가까운 이웃으로 지내는 교회가 그 이웃의 발전과 욕구 충족을 위해 활동해야 하며, 시대적 상황을 신속히 전달하여 위기를 극복하고 새로운 활로를 찾게 해야 함을 의미합니다. 둘째, 봉사적 기능입니다. 교회는 늘 교회 밖, 즉 지역사회에 관심을 가져야 합니다. 교회는 지역사회 안에 존재하면서 지역사회와 동떨어진 모습이 아니라, 지역주민들의 삶의 현장 속에 동참하여 봉사하는 역할을 감당해야 합니다. 교회 자체만을 위해서가 아니라, 세상 속에서 그리스도의 사랑을 보여주기 위함입니다. 이것이 삶에서 행동과 실천으로 나타나야 합니다. 셋째는 친교적 기능으로 개인주의, 이기주의 사회 속에서 공동체적인 삶을 강조하는 것입니다. 교회는 이웃에 대한 무관심과 고립 등의 사회적 현실에 관심과 사랑으로 나아가야 합니다. 교회의 친교적 기능이야말로 지역사회 발전을 위해 교회가 반드시 참여해야 함을 의미합니다.

지금까지 교회가 지역사회 평생교육에 동참하고 이를 이루어가야 하는 성경적 근거와 기능적 근거를 살펴보았습니다. 우리는 이런 근거들을 통해 교회가 지역사회 안에서 평생교육을 해야 할 충분한 이유가 있음을 알 수 있습니다.

## (3) 교회평생교육의 역사

### ① 역사 속의 교회평생교육

교회평생교육의 역사는 그 자체가 기독교 교육의 역사라 할 수 있습니다.

역사를 살펴보면, 이스라엘은 종교교육이 곧 민족교육이었으며 회당을 중심으로 교육이 이루어졌습니다. 모든 학교가 봉쇄되었던 중세 시대에는 수도원이 곧 인문, 예술, 직업 등 모든 교육의 장이었습니다. 종교개혁 시대에 루터, 칼빈 등의 개혁자들은 그동안 사회 엘리트 계층으로 한정되어 있었던 교육 대상의 범위를 교회를 통해 모든 사회 지위 계층으로 확대시켰습니다. 그리고 교회의 사회교육과 생활교육의 책임을 강조했습니다. 미국의 청교도 교육, 영국의 주일학교 운동 역시 성인교육의 모태라 할 수 있습니다.

성인을 대상으로 한 평생교육은 지역사회 교회의 중요한 과제로 인식되었습니다. 이러한 배경에는 서양의 민주주의 전통이 자리 잡고 있습니다. 초기 미국의 지도자들은 민주주의가 시민교육에 의존하고 있다고 믿었기 때문에 교육은 곧 시민의 권리가 되었습니다. 그와 관련하여 국민에게 교육을 어떻게 효과적으로 제공해야 하는지 논의했고, 지역사회 내에서 주민들이 가장 손쉽게 접근할 수 있는 지역사회 교회가 효과적인 시민교육 기관으로 주목받았습니다. 교회의 평생교육 기능이 자리 잡기 시작한 것입니다.

## ② 한국 역사 속의 교회평생교육

한국에서도 기독교 교육의 시작은 한국 평생교육의 기초가 되었습니다. 선교 초기 언더우드, 아펜젤러, 스크랜턴 등 외국에서 파송된 선교사들은 선교의 한 전략으로 교회, 학교, 병원을 설립하며 민중을 대상으로 한 교육활동 및 구제활동을 펼쳤습니다. 이들의 교육은 한국의 재래교육을 신교육으로 바꾼 교육 혁명이었습니다. 이 시기 교육내용은 종교교육뿐 아니라 문해교육, 시민교육, 청소년교육, 농민계몽교육 등이 주 내용이었습니다.

한국기독교 초기 외국 선교사들의 활동은 평생교육 발전의 근본이 되었을 뿐만 아니라 사회발전의 기초가 되었습니다. 교육을 통해 인재를 양성했으며 사회구조의 틀을 계몽하고 선도하였고, 이를 통해 지역사회에 지도자 역할을 하는 인재가 다수 배출되었습니다.

한국교회의 평생교육 전개 과정을 살펴보면 교회평생교육이 시대와 사회의 요구에 부응하며 적극적으로 세상과의 접촉점을 모색해 왔음을 알 수 있습니다.

교회는 지역사회를 토대로 성장해 왔고, 지역사회는 그 자체가 거대한 교육자원입니다. 이렇듯 교회는 예나 지금이나 지역사회의 중요한 평생교육시설입니다. 따라서 앞으로 교회평생교육은 교회의 규모와 상관없이 시대와 지역사회의 요구를 반영한 질 높은 프로그램을 기획하여 선교적 소명을 감당해야 할 것입니다.

교회 규모가 커지면 교회 부설로 평생교육원이나 센터로 평생교육시설 등록을 하여 다양한 평생교육 프로그램을 운영할 수 있습니다.

중형 규모의 교회에서도 교회 카페나 교회 공간을 활용하여 교회평생교육 프로그램을 운영할 수 있습니다. 규모가 작은 교회도 지역 내 작은 도서관을 운영하는 등 다양한 방식으로 주민들과 소통해 나갈 수 있습니다.

## 2. 교회평생교육의 운영 목적은 무엇인가요?

교회에서 평생교육을 운영하는 목적을 다음과 같이 살펴 볼 수 있습니다.

| 목표 | 1. 지역사회 선교와 전도<br>2. 배움의 과정을 통한 성도의 영적 성장과 회복<br>3. 성도의 달란트 발견 및 소명적 삶 실천 |
| --- | --- |

### 1. 선교와 전도
"땅끝까지 복음을 전하라"는 예수님의 지상 최후의 명령을 이루기 위해 우리는 교회평생교육을 그 성취의 도구로 사용할 수 있습니다.

교회 문턱을 넘기 어려워하거나 부담스러워하는 지역사회 주민들에게 다양한 교육의 기회를 열어주어 자연스럽게 교회를 방문하고, 교회 구성원과 만나며 교제하는 가운데 자연스럽게 복음을 접할 수 있도록 하는 것입니다.

### 2. 배움의 과정을 통한 성도의 영적 성장과 회복
마태복음 28장에 나오는 지상명령의 제자직에서 강조하는 핵심 중 하나는 바로 '학습공동체'입니다. 예수님은 말씀 곳곳에서 변화, 성장, 변혁의 새로운 공동체로 제자들을 초대하고 가르치셨습니다. 교육은 그리스도인에게 성화의 핵심이라 말할 수 있을 것입니다. 이처럼 교회평생교육은 배움의 과정을 통해 성도를 신앙 성장의 길로 이끌어 줍니다.

### 3. 성도의 달란트 발견 및 소명적 삶 실천
성도가 가지고 있는 다양한 달란트를 발굴하고 귀하게 쓰이게 함으로써 성도들이 그 은사를 통해 선교적 삶을 살아갈 수 있게 하는 것입니다. 어학, 요리, 음악, 미술 등 일상생활에 필요한 달란트가 있는 성도가 강의를 위해 필요한 교육을 받고, 그 달란트로 교회를 섬기고 더 나아가 지역사회 복음 전파의 선교적 역할도 감당하게 하는 것입니다.

## ⊘ 잠깐 들어볼까요?

교회하면 뭔가 엄숙해야 하고 예배나 성도들 간의 문화에 적응하기가 다소 어렵게 느껴져서 친구들이 교회 출석을 여러 번 권유했지만 쉽게 가진 못했습니다. 제가 워낙 자유분방한 스타일이라서요. 그런데 제가 사는 지역에서 사진 강연 홍보를 보고 배워봐야겠다 싶어서 갔는데 교회에서 운영하는 것이었습니다. 처음엔 제가 좋아하는 카메라 사용법이랑 사진만 배우자라는 생각으로 갔는데 거기 계신 분들이 너무 좋으신 거예요. 나중에 알고 보니 강사님이 집사님이시더라구요. 수강생 중 많은 분들이 교회 성도님들이셨구요. 그분들과 친해지다 보니 '저분들을 따라 교회 한번 나가볼까?'라는 생각이 들게 되었고 그때부터 교회에 나가기 시작했습니다.

## 1) 지역사회 선교와 전도를 위한 교회평생교육

### (1) 지역사회에서 교회의 역할

교회마다 전도를 위한 수많은 프로그램들을 운영하고 있습니다. 그러나 먼저 지역에 살고 있는 주민들이 실제적으로 무엇을 원하고 있으며, 무엇을 필요로 하고 있는가를 아는 것이 중요합니다. 교회는 교회평생교육 프로그램을 통해 개인과 가족, 그 외 삶과 관계된 전반적인 영역에서 변화와 성장이 일어날 수 있음을 시사해 주면서, 교인들을 중심으로 하는 성경 중심의 교육뿐만 아니라 성경과 교회의 역사를 근거로 지역에 알맞은 교육기관으로서의 역할도 해나가야 합니다.

또한 교회는 세상의 빛과 소금의 역할을 감당해야 합니다. 코로나 19 팬데믹 상황과 같이 시대적, 환경적으로 어려운 시기에는 도움이 필요한 지역과 사람들이 더 많이 생겨납니다. 교회는 이제껏 광범위한 지역과 사람들을 대상으로 삶의 전반적인 영역을 담당해왔고 앞으로도 더 많은 영역을 담당할 수 있습니다.

한국의 초기 기독교 역사를 살펴보면 당시 이루어지던 교육활동(주로 의료활동과 기초·기본 교육)이 이후 한국의 신교육 운동의 뿌리가 되었고 그 교육의 형태와 내용은 평생교육과 유사합니다. 이것은 평생교육이 담고 있는 삶, 평생, 교육이라는 의미를 잘 나타내고 있습니다.

현대는 한 번의 교육으로 필요한 모든 능력을 익히는 것이 아니라 지속적인 교육이 필수적인 시대가 되었습니다. 이러한 상황에서 교회는 그동안 해왔던 많은 교육활동을 교인이나 그 지인들만을 대상으로 하는 것이 아닌 모든 사람을 대상으로 확장하는 것을 고려해야 합니다. 그러나 교회의 건물, 교회의 많은 프로그램, 선교활동 등이 지역과 모든 사람을 대상으로 해야 함에도 그러지 못했던 것이 사실입니다. 인류는 모두 연결되어 있고 서로를 돌보고 살아가야 하는 것이 그리스도인의 본분이기에, 교회는 이웃을 향한 사랑의 역할을 담당해야 합니다.

지금까지 교회교육은 보통 주일학교와 청소년을 대상으로 한 신앙교육, 교회를 다니는 사람을 위한 성경공부, 그리고 교회에 다니려고 하는 사람을 위한 예비 학습 등의 역할을 주로 담당해왔습니다. 이제는 교회와 교회를 둘러싼 수준의 교육에서 벗어나 보다 많은 사람들과 다양한 그룹의 사람들을 대상으로 범위를 넓히는 것이 보다 성경적인 교회의 역할이라 볼 수 있습니다.

교회는 지역사회의 평생교육을 담당할 기관으로 확대 발전할 수 있는 여러 요소들을 많이 가지고 있고, 따라서 평생교육 기관으로서의 역할을 충분히 담당할 수 있습니다. 이제 교회는 교회교육, 종교교육의 역할에만 머무르는 것이 아니라 교회평생교육으로 지평을 확대하여 지역사회에 필요한 다양한 역할을 수행할 필요가 있습니다.

그리고 지역사회 등 보다 더 넓은 학습자 및 학습 체제를 대상으로 하는 프로그램을 제공해야 합니다. 성도와 교회에 있어서 교회평생교육은 공동체의 목표 및 과업, 문제해결, 공동체의 변화에 대한 적응 등 다양한 목표를 성취할 수 있도록 도움을 줍니다. 또한 교회평생교육은 지역사회에 교육의 목적을 두고 지역사회 공동체의 형성, 지역의 다양한 사회적 과제 해결, 지역개발, 지역의 삶의 질 향상 등에 도움을 줍니다.

교회평생교육의 교육 프로그램은 단 하나의 목적만을 위해 개발되기보다는 다양한 목적을 추구하면서 개발되어야 합니다.

교회의 규모가 작아도 지역과 함께 하기 위해 작은 마을 도서관을 만들어 책을 대여하며 지역주민과 소통하는 교회도 있습니다.

### (2) 지역사회 선교와 전도

교회는 평생교육을 실행할 수 있는 다양한 장점들을 가지고 있습니다. 교회는 어느 지역에든 존재하며 교육의 장소가 될 만한 유용한 자원을 지니고 있습니다. 다양한 인적자원과 학습자, 강의 장소 및 시설과 교육매체 등을 소유하고 있습니다. 평생교육이 강조되는 시대에 이런 자원들을 잘 준비하고 활용해서 교회가 지역민을 위한 평생교육의 장을 제공할 수 있다면, 성도의 개인적인 성장뿐 아니라 더 나아가 지역사회 변화에 초석이 되고, 지역주민들의 삶을 개선하고 삶의 질을 향상시키는 데도 적잖은 영향을 미칠 것입니다.

교회평생교육은 예수 그리스도의 제자인 우리를 선교적 삶으로 초대합니다. 제자(弟子, disciple)는 스승으로부터 가르침과 훈련을 받는 자로, 단순히 배우고 학습하는 자가 아니라 스승의 가르침을 가감 없이 그대로 받아들이고 깨달으며 자기 행동의 지표로 삼는 자, 곧 스승의 철저한 추종자를 말합니다(마 13:52; 요 9:28).

성경의 사례를 보면 좁은 의미에서는 예수 그리스도의 12제자(마 10:1)를, 넓은 의미에서는 예수를 그리스도로 고백하고 좇는 모든 성도(행 6:1, 7; 9:19)를 말합니다.[4] 제자라는 뜻의 그리스어는 마데테스(μαθητής)로 따르는 사람의 '삶 전체를 형성하는 개인적 밀착 관계'를 포함하며, 헌신과 순종을 요구합니다. 그러기에 단순히 호기심을 지닌 탐구자가 아닌 헌신된 제자는 예수께 배우고, 예수께 충성하며, 예수를 사랑하는 모습이 드러나야 합니다. 포기와 충성, 섬김과 고통은 헌신된 제자들의 특징입니다. 그들은 주님이 가르쳐 주신 신조(信條)들을 고백할 뿐만 아니라 주님이 모범을 보이신 대로 실행합니다. 제자들은 하나님의 뜻을 이해할 뿐만 아니라 그 뜻대로 행합니다(마 12:49-50).

제자를 재생산하는 일은 교회를 향한 예수의 지상명령입니다(마 28:19-20). 지금까지 교회는 제자를 재생산하는 일에 힘써왔습니다. 한국교회도 그러합니다. 제자를 재생산한다고 할 때, 가장 먼저 떠오르는 것은 제자훈련, 제자양육입니다. 예수께서 이 땅에서 행하신 가장 중요한 일 중 하나입니다. 현재 교회에서는 단기간인 3~6개월의 양육과 훈련으로 제자가 되거나, 장기간 1~2년의 훈련을 수료한 이들이 예수를 닮아가는 제자로서의 돌봄과 섬김의 사역을 감당하고 있습니다.

그러나 대부분의 교회는 교회 내 성도만을 위한 사역에 치중하

---

4  가스펠서브, 라이프 성경사전. 서울:생명의말씀사, 921.

고 있는 것이 현실입니다. 이는 제자훈련과 제자양육이 교회 내 봉사자, 헌신자를 위한 코스웍(cousework)이라는 오해를 불러일으키며, 교회 내 리더의 다양한 역할도 제자훈련을 수료한 이들로 제한하는 한계를 가지고 있습니다. 이는 세상 속에서 제자로, 그리스도인으로 살아가는 방법을 상실하게 만드는 요인이 되기도 합니다.

Full-Time Christian Worker는 기독교 전임사역자로 번역할 수 있습니다. 대체로 기독교 전임사역자를 목사, 선교사, 혹은 기독교기관에서 풀타임으로 사역하는 사람들로 인식합니다. 이것은 하나님이 교회 안에서만 머물러 계시는 왕이요, 구원자요, 구주라고 인식하는 것과 다름이 없습니다. 하나님은 온 세상의 창조주요, 구원자요, 구주이십니다(창 1:1; 골 1:15-20). 우리의 모든 삶의 영역에서 그분을 왕이요, 구원자요, 구주로 인정하며 살아가는 성도라면 모두가 기독교 전임사역자입니다. 이 사실은 선교적 삶의 범위가 교회 내부만이 아니라 삶의 모든 영역으로 확장되어야 함을 의미합니다.

우리는 하나님의 선한 일을 위하여 지음 받았습니다(엡 2:10). 우리는 하나님의 자녀가 되는 순간 제자의 삶으로, 선교적 삶으로 초대받습니다. 우리 모두에게 주신 선물은 예수 그리스도를 통한 구원입니다. 그리고 하나님의 선한 일을 위하여 각자에게 다양한 은사를 주셨습니다. 하나님의 영광을 위해 주신 은사는 모든 사람이 다 같지 않습니다. 그래서 다른 사람이 가지고 있는 은사를 부러워할 필요가 없습니다. 하나님은 우리 모두를 오묘하게(기묘하게, wonderful) 지으셨고(시 139:14) 우리에게 기막힌 은사들을 주셨습니다(롬 12장;

고전 12-14장; 엡 4장). 성경에서 언급된 은사들은 교회와의 연관성 속에서 이해할 수 있습니다. 은사는 교회와 교회된 성도를 재생산하는 일을 위하여 주어진 것입니다.

해외선교, 오지선교 등으로만 국한되어 있던 선교에 대한 범위가 하나님께 받은 은사로 이웃을 섬기는 성도들을 통해 지역선교로 확장됩니다. 이는 교회가 교회평생교육을 통해 성도들에게 선교적 삶으로, 제자의 삶으로 살아갈 수 있는 길을 안내하는 것입니다.

The
Church
Lifelong
Education

⊘ 잠깐 들어볼까요?

**(1) 경기도 광주 청림교회**

**- 지역섬김 '10평의 기적' 일어나다**

청림교회(장윤제 목사)는 지역섬김으로 교회의 부흥뿐만 아니라 교인들에게 직업의 문까지 열어주는 효과를 맛보고 있다. 청림교회는 작은 도서관 개관 1년 만에 지역과 소통하는 교회로 정착했는데 작은 도서관을 시작으로 북카페, 레고블럭방, 지역아동센터 등을 통해 지역과 소통하는 교회로 정착했다. 장윤제 목사는 사람들이 찾아오는 도서관을 만들기 위해 특별한 프로젝트를 가동했다. 그 중 첫 번째가 '카페'다. 최상급 원두를 들여와 북카페를 차렸다. "북카페를 운영하는 교회들의 실수 중 하나가 기독교라는 장벽을 높이 쌓는 것입니다. 기독교를 혐오하는 시대에 기독교 색채를 너무 강하게 내면 오히려 반감만 삽니다. 따라서 우리는 교회 색채를 최대한 가려서 진입장벽을 낮췄습니다." 장윤제 목사의 전략은 바로 효과가 나타났다. 동네 젊은 엄마들 사이에서 질은 높고 가격은 저렴한 좋은 카페로 소문이 났다. 오전에 북카페 문을 열기 바쁘게 손님(예비신자)들이 스스로 찾아온다. 젊은 엄마들이 청림교회를 믿고 자녀를 맡길 정도로 유대관계가 강해졌다.

(출처: 기독신문 http://www.kidok.com)

**- 교회가 온라인 교육 플랫폼 역할 '전도의 접점이 넓어졌다'**

코로나19로 대면 전도가 어려워진 시기에 맞춰 장 목사는 COS(지역사회 열린학교, Community Open School)를 온라인으로 개설했다. 한국복지목회협의회는 한국사이버진흥원과 업무협약을 통해 비대면 시대에 교회가 환경에 제한을 받지 않고 온라인 거점 플랫폼을 무상으로 설치해 운영할 때까지 도움을 준다. 청림교회는 작은 도서관을 시작으로 북카페, 레고블럭방, 지역아동센터 등을 통해 지역과 소통하는 교회로 정착했다.

(2021.01.07. 국민일보 기사 발췌)

**(2) 부산 향기교회**

**- 체험학습부터 평생교육까지… '배움의 센터'로 전도의 접점을 넓히다**

최근 방문한 부산 향기교회 이은수 목사는 "전도지 나눠준다고 전도가 되는 시대가 아닙니다. 코로나 이후로는 노방·축호 전도도 어려워졌습니다. 사람을 만나려면 다양한 접촉점과 수단이 있어야 합니다. **우리는 교회 공간과 수업을 통해 사람들을 만나는 방법을 찾아왔습니다. 사람을 만나는 게 목회입니다.**"라고 했다.

향기교회는 향기평생교육원을 통해 여러 가지 강좌를 제공한다. 평생교육원 설립 자격은 학교법인, 시민사회단체, 언론사다. 향기교회는 향기로운 인터넷신문을 등록했고 이 법인 명의로 평생교육원을 설립했다. 이 목사는 "교회가 시간과 장소를 이웃들과 공유해야 합니다. 화장실이나 주차장이라도 개방해야 이웃들을 만날 기회가 생깁니다."라고 했다.

수강생 중 윤경란(65)씨는 "회사 은퇴 후 뭘 할까 고민하다 이곳에서 바리스타 과정을 배웠고 운 좋게 강사로 일하게 됐습니다."고 했다. **백미영(56)씨는 "아이들을 만나 수업을 하니까 생활에 활력이 생겨 좋습니다. 나는 하나님을 믿지 않지만, 밥 먹을 땐 목사님께 기도를 부탁합니다."**라며 미소를 지었다.

## 2) 배움의 과정을 통한 성도의 영적 성장과 회복

마태복음 28장의 지상명령에 나오는 제자직의 핵심은 '학습공동체'입니다. 예수님은 말씀 곳곳에서 변화, 성장, 변혁의 새로운 공동체로 제자들을 초대하고 가르치셨습니다. 교육은 그리스도인에게 성화의 핵심이라 말할 수 있을 것입니다. 이처럼 교회평생교육은 배움의 과정을 통해 성도를 신앙 성장의 길로 이끌어줍니다.

교회평생교육은 어느 한 시대적인 흐름이 아닙니다. 그리스도인들이 하나님의 사람으로서 온전히 성장하며 교회와 세상에서 필요한 사역을 담당할 수 있게 하는 삶의 필수적인 부분입니다. 교회평생교육은 빠르게 변화하는 시대의 흐름 속에 성도가 지속적으로 성장하고 발달할 수 있도록 도와줍니다.

교회는 사회적 갈등의 시대에 이를 예방하고 해소하는 기능에도 집중해야 할 필요가 있습니다. 교회는 사회 공동체가 붕괴되고 인간관계가 변질되는 상황을 회복하고 일으켜 세울 수 있는 방법들을 고민해야 합니다. 또한 교회는 어느 누구도 선뜻 책임지지 않는 사회에서 구심점이 되어 사회가 올바른 길로 가게끔 인도하고자 하는 마음을 가져야 합니다.

교회평생교육을 통해 성도 개인의 변화는 물론이고 이를 실천하는 교회 공동체 역시 변화와 성장을 기대할 수 있습니다. 성도들은 교회평생교육에 참여함으로 교회에 대한 인식변화를 보이게 됩니다. 신앙생활에 소극적이었던 교인은 교회 생활에 적극적인 교회 봉사자로 변화될 것입니다. 과거에 교회에서 받은 상처로 인해 교회에 대한 부정적인 사고를 갖게 된 학습자는, 교회평생교육을 통해 교회에 보다 긍정적인 사고로 변화되고 교회에 대한 상처가 치유될 수도 있을 것입니다. 타 종교인인 학습자는 교회 교육기관을 통한 사랑과 나눔의 현장을 경험하며 교회 기관과 교회 담임 목회자에 대한 감사함을 갖게 될 것입니다.

예배에 참석하고 교회에서 봉사를 하면서도 개인의 삶 속에서 힘든 순간들을 극복하기 어려워하거나, 교회와 신앙생활에 대한 만족을 느끼지 못하는 성도들도 있습니다. 교회평생교육이 이들에게 변화와 회복, 성장의 기회를 제공해 줄 수 있습니다.

교육을 통한 개인의 변화는 사회적 관계로의 확장으로 이어집니다. 개인의 심리적 변화와 과거 상처의 치유는 생활의 변화를 가져오며, 가족과 그와 관계된 모든 삶에도 영향을 줍니다.

⊙ 잠깐 들어볼까요?

안녕하세요! ○○교회 ○○권사입니다.

저는 3년 전, 교통사고로 남편과 사별했습니다. 그 아픔이 채 가시기 전에 대학생 1학년 막내 딸을 심장마비로 잃었습니다. 왜 제게만 하나님이 이리도 가혹하신지… 가슴을 뜯고 기도해도 답답하기만 했습니다.

교회에 와서 예배를 드리고, 중직으로 봉사도 이어갔지만 제 마음에는 기쁨보다는 절망과 우울만이 가득했습니다. 내가 죄가 많아 이런 벌을 받는 거라고 성도들이 손가락질하는 것 같고, 자책만이 가득해 늘 괴롭기만 했습니다.

그러던 중 교회에서 외부 강사를 초빙하여 중직들을 위한 코칭힐링프로그램을 진행한다며 교육을 권유받았습니다. '누가 내 상처를 이해하고 위로할 수 있을까? 우리 주님도 내게 등을 돌리고 계시는데…'라고 생각하며 참여를 거절했으나 친구 권사의 손에 이끌려 프로그램에 참여했습니다.

교육을 받으며 나의 감정과 생각들을 되짚어 보았습니다. 참여하신 다른 분들과 이야기를 듣고 나누며 위로도 받았습니다. 함께 기도하며 하나님의 음성을 듣는 귀한 체험도 경험했습니다. 지금은 저와 같은 아픔을 겪은 분들을 위로하는 사역을 하고 싶어 신학대학교에 입학하여 열심히 공부하고 있습니다.

코칭힐링교육을 받으며 세상의 모든 학문을 하나님이 만드셨다는 점과 하나님이 교육이라는 도구로 나를 회복시키고 계심을 깨달았습니다. 권사라는 이름 값에, 혹시 믿음이 부족해 보일까 감정과 생각을 감추고 살았던 어리석음과 교만을 직면하고, 진짜 나의 생각과 감정을 만나며 하나님의 형상대로 지음 받은 나를 이해하고 위로받는 좋은 시간이었습니다.

그리고 하나님이 제게만 주신 사명과 비전을 찾는 시간이었습니다. 교회 안의 많은 성도들이 이런 귀한 경험을 하시길 바랍니다. 주님이 역사하시고 회복시키십니다.

이렇듯 교육을 통한 개인의 심리적 변화와 과거 상처의 치유, 회복 등의 변화는 교육을 받은 개인의 성숙함과 함께 지역사회를 변화시킬 중요한 모체가 됩니다.

### 3) 성도의 달란트 발견 및 소명적 삶 실천

하나님께서는 우리 모두를 귀한 존재로 창조하셨습니다. 교회평생교육은 성도가 가지고 있는 다양한 달란트를 발굴하고, 각 사람에게 주신 은사가 선교적 삶에 귀하게 쓰일 수 있도록 도와줍니다. 예를 들면 어학, 요리, 음악, 미술 등 일상생활에 필요한 달란트가 있는 성도가 다른 성도나 지역주민들을 대상으로 하는 강의를 위해 필요한 교육을 받은 뒤, 교회를 섬기고 지역사회에 복음을 전하는 선교적 역할도 하는 것입니다.

교회평생교육을 한다는 것은 성도가 하나님과의 관계 회복을 통해 하나님과의 인격적인 만남과 구원의 확신을 경험하고 그 가운데 그리스도인으로 성숙해져 간다는 것입니다. 교회평생교육은 성도가 하나님께서 계시하고자 하는 의미와 사명을 발견하게 하고 성도를 소명의 삶으로 이끌어줍니다.

루터는 모든 그리스도인은 소명을 가지고 있으며 이것은 가정, 직장에서 매일의 삶을 통해 표현된다고 했습니다. 교회평생교육은 그리스도인들이 가정, 학교, 직장, 교회에서 사용되는 그들의 재능을 분별하고 개발하도록 돕습니다. 삶을 통한 교수와 학습은 소명을 위한 중요한 준비이자 자원이 됩니다. 우리가 살고 있는 사회와 상황은 급변하고 있습니다. 우리는 매일의 사역을 위해 준비되어야 합니다. 그리스도인들이 기독교 세계관을 가지고 하나님이 그들에게 주신 재능으로 세상에서 빛과 소금의 사역을 잘 감당할 수 있도록 이끌어 주어야 합니다. 이것이 교회평생교육의 당위성입니다.

교회의 구성원은 다양하며 여러 세대가 하나의 신앙 공동체를 이루고 있습니다. 교회는 한 세대에 편중된 교육이 아니라 전 세대를 대상으로 하는 평생교육이 필요합니다. 어떤 특정 세대만 중요시하는 것이 아니라 아동, 청소년, 청년, 성인, 노인을 대상으로 하는 모든 교육이 중요합니다. 교회는 각 세대별로 특성에 맞게 적절한 프로그램을 운영해야 하며 그 원칙에는 기독교 세계관을 기반으로, 전 세대를 아우르는 균형잡힌 교육을 실행해야 합니다.

특별히 교회는 고령화 사회에 대한 대처가 필요합니다. 우리나라는 점점 저출산 국가로 자리매김하고 있고, 의학 기술의 발전으로 평균 수명은 급격하게 높아지고 있습니다. 한국의 노인 인구가 급격히 증가하는 상황처럼 교회에서도 마찬가지로 노인 인구가 증가하고 있습니다. 이에 발맞춰 한국 사회는 고령화 시대에 대비해 노인 평생교육 기관을 설립하고 노인들을 위한 다양한 프로그램들을 개발하고 있습니다. 교회도 노년층의 교인을 대상으로 평생교육 프로그램을 실시하는데 있어서 노인들의 교제 시간과 취미활동을 위한 교육뿐 아니라, 그들이 가진 경험과 지식, 경륜의 달란트를 발굴하여 다른 세대를 교육하고 전도하며 봉사하는 일에도 최선을 다해 참여할 수 있도록 이끌어야 합니다.

## ⊙ 잠깐 들어볼까요?

안녕하세요! ○○교회 ○○집사입니다.

저는 결혼 전 의상실에서 근무했습니다. 여성복을 디자인하고 재단하고 만드는 일을 했습니다. 지금도 제가 입은 옷들은 거의 제가 직접 만들어 입습니다. 주변에서 옷이 예쁘다는 말씀을 많이 해주셨고, 옷 만드는 방법도 궁금해하셨지요.

우리교회 주변엔 새로 입주한 아파트가 있어 젊은 새댁들이 많습니다. 어느 날 담임목사님께서 부르시더니 교회의 성도들과, 교회 인근에 사는 새댁들을 위해 옷 디자인 강좌를 열어보자고 말씀하셨습니다. 저는 무척 당황스러웠습니다. 옷을 만들 수는 있지만 가르치는 일은 또 다른 것이니까요.

떨리고 두려웠습니다. 그러나 기도하며 강좌를 개설했고, 성도와 주민들까지 열다섯 분들이 신청해 주셨습니다. 교회 지하 기도실에 집에 있던 미싱 한 대와 작업대를 들여놓고 드디어 강좌를 시작했습니다. 초보 강사라 떨렸지만 참여하신 분들의 눈빛이 저를 설레게도 했습니다.

앞치마, 아이들 원피스, 치마 등등 기초부터 찬찬히 만들어 갔습니다. 각자의 재능에 차이가 있었지만, 모두 재미있게 수업에 참여하셨습니다. 참여하신 중년 여성 분 중에는 동네 작은 곳에 수선집을 내신 분도 계십니다. 너무 보람되고 감사했습니다.

그 후 우리교회는 미용 강좌도 개설했습니다. 미용사 자격증이 있으신 집사님께서 봉사해 주셨습니다. 저도 현재 미용 강좌에 참여해 배우고 있습니다. 제 손으로 아들 머리를 손질해 주는 것이 목표입니다.

집사에서 선생님으로 불리는 제가 참 신기하고 감사합니다. 그리고 교육을 수강하러 오신 주민들이 참 귀합니다. 수업이 끝나면 교회 식당에서 수제비도 끓여 먹고 국수도 만들어 먹으며 복음도 전하고, 주님의 사랑을 나누고 있습니다. 제가 가진 작은 재능으로 교회와 이웃을 섬길 수 있어 감사할 뿐입니다.

## 2부
## 교회평생교육 운영하기

언제 하나요?

어디에서 하나요?

누가 하나요?

무엇을 하나요?
– 어떤 프로그램을 하나요?

왜 하나요?

어떻게 하면 되나요?

## ⊙ 잠깐 들어볼까요?

- **A교회 목사**: 교회평생교육의 역사와 목적에 대해 들으니 교회에 꼭 적용해 보고 싶습니다. 그런데 우리교회는 아직 규모가 크지 않은데 교회평생교육을 운영할 수 있을까요? 솔직히 어렵지 않을까 생각합니다.

- **CLE 가이드**: 네! 목사님. 당연히 그 심정 이해됩니다. 교회가 있는 지역사회에 맞게, 교회의 자원에 맞게 교회평생교육을 운영할 수 있는 방법들을 차근차근 설명드리겠습니다. 한 단계 한 단계 단계별로 준비하시고 실천해 나가시면 됩니다. 저와 함께 교회평생교육 운영을 한번 시작해보실까요?

- **B교회 목사**: 이번 기회에 우리교회에서 운영하고 있는 문화센터도 점검해봐야겠습니다. 지역사회 선교의 마음만 있으면 되겠지 생각했는데, 운영 단계가 있다니 기대가 됩니다.

- **CLE 가이드**: 목사님의 지역사회를 섬기고 사랑하시는 마음, 무엇보다 선교의 비전이 정말 좋습니다. 여기에 교육적 요소들을 더한다면 큰 시너지 효과가 날 것입니다. 모든 학문들은 주님께서 주신 것이니까요. 자! 그럼 운영의 단계를 살펴보겠습니다.

The Church Lifelong Education

2부 운영하기에서는 언제, 어디서 교회평생교육을 운영하면 좋을지
에 대한 안내와 강사진 및 운영진은 누가할 것인지, 또한 프로그램은
무엇으로 할 것인지를 소개합니다. 그리고 왜 이러한 교육을 운영하
는지를 제시하고 마지막으로 어떻게 운영할 것인가에 대해 안내하겠
습니다.


## 1. 언제 하나요?(When)


교회에서 평생교육을 실시하려고 할 때, 언제(기간)에 대해 신중히 고
민하지 않는 경우가 많습니다. 그래서 진행하는 거의 모든 프로그램의
운영 기간을 동일하게 편성하고 있으며, 상·하반기로 나누어 상반기에

는 3월~7월, 하반기에는 9월~12월로 운영하는 곳이 대부분입니다.

하지만 이렇게 운영하면 과정 중 여러 변수들로 인해 결석자가 빈번히 발생하여 운영 자체가 어려워지는 경우가 종종 발생합니다. 왜냐하면 참여자들에게는 개인에 따라 서로 다른 삶의 조건들이 산재하며 이러한 환경과 조건들이 교육 현장에 그대로 표출되기 때문입니다. 즉, 교육에 참석해야 하는 일보다 더 중요한 일들이 발생하면, 참석자들은 선택해야 하는 일이 아닌 어쩔 수 없는 결격사유로 여깁니다. 따라서 프로그램의 대상자와 프로그램 자체의 특성에 맞게 기간을 탄력적으로 운영하는 것이 보다 효율적입니다.

또한 참석자들이 교육에 자주 결석하다 보면 과정의 이해도는 물론 성취나 만족도 역시 낮아지기에 되도록 대상자의 환경을 반영하고자 노력해야 합니다. 프로그램이 가지고 있는 특성상 절대적 시간을 요구하거나 교육 규정이 정해져 있는 프로그램도 있기 때문에 이들 모두를 염두에 두어 기간을 선정하는 것이 중요합니다.

이제부터 각각의 특성에 따라 평생교육 프로그램을 언제 운영하면 바람직한지 살펴보고자 합니다.

## 1) 대상자의 특성에 따른 기간 설정

교회평생교육의 기간을 설정할 때는 관점을 운영자에게 두는 것이 아니라 참여자, 즉 학습자에게 두는 것이 무엇보다 중요합니다. 먼저 대상자의 특성에 따른 점검 사항을 검토하고 적정 기간을 선정하는 것이 바람직합니다.

학부모의 경우 자녀를 중점적으로 돌보아야 하는 기간을 피해야 합니다. 유·초등학생의 경우 자녀가 학교에서 돌아오는 시간인 오후 시간을 피해야 하고 학기 초, 5월 가정의 달, 방학 기간 등 자녀와 장기간 함께 해야 하는 기간은 되도록 피하는 것이 좋습니다. 중·고등학생 자녀를 둔 학부모의 경우 중간고사, 기말고사 등 시험 기간이 보통 일주일씩 되다 보니 이 기간에는 다른 곳에 신경 쓸 겨를이 없게 됩니다. 이런 경우 프로그램 시간을 오후보다는 오전으로 진행하는 것이 적절합니다.

직장인들의 경우 관심 있는 프로그램이 있다고 하면 주중과 주말에도 참여하겠다는 요구조사 결과들이 많습니다. 하지만 금요일은 개인적인 시간으로 보내려는 경우가 많기 때문에 주중에 과정을 운영할 경우에는 화요일이나 목요일 저녁 시간을 활용할 것을 추천합니다.

최근에는 자녀와 부모가 함께 참여하는 프로그램들도 많이 진행되고 있습니다. 이 경우 자녀의 연령에 따라 참석 시간을 정하는 것이 좋습니다. 영아의 경우 아이의 컨디션이 좋을 때로 선택하게끔 유도하는 것이 좋으며, 주중에는 오전, 오후 그리고 주말에는 오전으로 운영하는 것이 적절합니다. 유·초등학생 학부모의 경우 유치원과 학교가 끝난 방과 후에는 학원 등 교외 활동이 많다 보니 주중에 진행하기보다는 주말 오전 시간으로 배정하는 것이 보다 효과적입니다.

시니어의 경우 교육 기관까지 이동하는 조건과 계절적인 요인에 많은 영향을 받게 됩니다. 너무 더운 한여름이나 너무 추운 한겨울은 피해야 하고, 주말에는 자녀들과 함께하는 시간이나 가족 행사가 많은 편이니 되도록 주중으로 진행하는 것이 좋습니다.

[표2-1] 대상자 특성에 따른 점검 사항 및 적정 기간

| 대상자 | | 점검 사항 | 적정 기간(시간대) |
|---|---|---|---|
| 학부모 | 유·초등학생 | 방과 후, 학기 초, 5월 가정의 달, 방학 기간 등 자녀 집중 돌봄 기간은 피하는 것이 좋다 | 3월 중순~4월 말 9월 중순~11월 말 (주중 오전) |
| | 중·고등학생 | 중간고사, 기말고사 등 시험 기간은 피하는 것이 좋다 | 3월 초~4월 말 9월 초~11월 말 (주중 오전/오후) |
| 직장인 | | 평일 저녁이나 주말은 좋으나 금요일은 대개 개인 시간으로 보내려고 한다 | 주중 화/목요일 저녁 주말 오전 |
| 자녀와 부모 동반 | 영아 | 자녀와 부모가 함께하기 적당한 시간을 찾는다 | 주중 오전·오후 주말 오전 |
| | 유·초등학생 | | 주말 오전 시간 |
| 시니어 | | 너무 덥거나 추운 계절은 피하고, 주말에는 가족과 함께하는 시간이 많다 | 3월 중순~6월 말 9월 중순~10월 말 (주중 오전/오후) |

## 2) 프로그램의 특성에 따른 기간 설정

프로그램 특성에 따른 기간 설정은 교회평생교육 6대 영역을 기준으로 살펴보고자 합니다.

첫 번째, 생활문해교육은 디지털 문해교육, 한국어 프로그램, 외국어교육 등으로 생활에 필요한 다양한 기술교육과 한국어, 외국어

활용 교육을 통해 생활에 어려움이 없도록 합니다. 나아가 깊이 있는 지식과 기술교육을 목적으로 기본적인 교육과정 기간이 설정된 경우가 많습니다. 따라서 설정된 기간과 교회의 상황에 적절하게 맞추어 중·장기로 설정하는 것이 바람직합니다.

두 번째, 학습활동지원 및 학력보완교육은 지역민의 선교를 목적으로 학습 활동의 관리, 도움을 제공하며 학력 보완을 위한 교육을 제공하는 것으로 인증 규정에 따라 정규과정으로 편성해야 합니다.

세 번째, 직무역량교육은 직업준비 프로그램, 자격인증 프로그램, 현직 직무역량 프로그램 등으로 취·창업을 위한 자격 조건을 준비면서 자격인증과 직무능력 함양을 목적으로 두고 있으므로 자격과 직무의 규정과 기준에 따라 정규과정으로 운영합니다.

네 번째, 문화예술교육은 레저생활 스포츠 프로그램, 생활문화예술 프로그램, 문화예술 향상프로그램 등으로 문화 예술적 상상력과 창의력을 촉진하고 문화예술 행위와 기능을 숙련시키고 일상생활 속에서 문화예술을 향유하고 접목할 수 있는 능력을 개발하는 교육과정이므로 각 프로그램의 특성에 따라 중·장기로 편성합니다.

다섯 번째, 영성·교양교육은 기독교 세계관을 기반으로 한 영성교육과 건강심성 프로그램, 기능적 소양 프로그램 등 교양을 갖춘 현대인으로서 전인적인 성품과 다양한 소양을 개발하고, 신체적·정신적 건강을 겸비할 수 있도록 지원하는 프로그램으로 중·장기간의 과정보다는 3~4주 정도의 단기과정이 적당합니다. 또한 특강을 진행하고자 할 경우에도 적당한 교육 과정입니다.

마지막으로 지역사회참여교육은 시민 책무성 프로그램(환경생태교육, 지역 관련 교육 등), 시민리더 역량프로그램(교회리더양성교육, 교회평생교육리더 양성과정 등), 시민참여 활동프로그램(지역사회 봉사활동 프로그램) 등 현대사회의 교인으로서 그리고 사회 구성원으로서 갖추어야 할 자질과 역량을 개발하며, 사회통합 및 공동체 형성과 관련하여 구성원의 자발적 참여를 촉진하고 지원하는 교육으로 이론과 실습, 현장학습 등으로 구성된 과정이 운영되어야 하니 단기과정이나 중기과정으로 구성하는 것이 바람직합니다.

**[표2-2] 교회평생교육 6대 영역 별 적정 기간**

| 6진 분류표 | 18진 분류 | 적정기간 |
|---|---|---|
| 생활문해교육 | 생활문해교육, 한국어 프로그램, 외국어 프로그램 | 중/장기 |
| 학습활동지원 및 학력보완교육 | 학습활동자원 프로그램, 학력보완 프로그램, 대안학교 | 정규과정 |
| 직무역량교육 | 직업준비 프로그램, 자격인증 프로그램, 현직직무역량 프로그램 | 정규과정 |
| 문화예술교육 | 레저생활스포츠 프로그램, 생활문화예술 프로그램, 문화예술향상 프로그램 | 중/장기 |
| 영성·교양교육 | 영성교육, 건강심성보완 프로그램, 기능적소양 프로그램 | 단기 |
| 지역사회참여교육 | 시민책무성 프로그램, 시민리더역량 프로그램, 시민참여활동 프로그램 | 단/중기 |

## 2. 어디에서 하나요?(Where)

비 기독교인들이 교회에서 운영하는 프로그램에 참여를 결정하면서 망설이는 요인 중에 하나가 바로 교육기관이 교회라는 점입니다. 교회에서 프로그램을 실행할 때 전도용으로 오해를 하고 있어 대부분 부담을 가집니다. 예를 들어 '교회 나오라'고 귀찮게 한다든지, 집에 찾아온다든지, 전화를 한다든지 하면 어쩌나 하는 불편한 마음을 가지고 있어 망설이게 된다는 것입니다. 하지만 이런 오해를 '누구나 편하게 참여할 수 있는 곳'이라는 인식으로 바꿔준다면, 교회는 지역주민들이 평생교육 기관으로 선택할만한 장점이 뚜렷합니다. 왜냐하면 교회는 지역과 가까이에 있어 걸어서 갈 수 있고 영리 목적으로 운영되는 것이 아니기에 시간과 경제적인 부담을 덜 수 있기 때문입니다.

교회평생교육을 진행하는 장소를 살펴보기 전에 생각해 보아야 할 중요한 점이 있습니다. 그것은 바로 프로그램에 참석하기 위해 찾아오시는 지역사회 주민들이 그 어디에서도 경험해 보지 못했던 우수한 교육과정과 함께 기대하지 못한 환영과 환대를 경험하게 하는 것입니다. 이런 경험을 통해 교회는 뭔가 다르다는 느낌을 받게 하는 것입니다. 이것이 바로 교회평생교육의 역할입니다. 지역사회 학습자들이 교회평생교육 프로그램에 참여할 때 진행을 준비하는 담당자, 강사, 보조강사들은 하나님께 사랑과 은혜를 먼저 받은 믿음의 선배로서 학습자들을 위해 배움을 도와주는 자, 안내자 또는 도우미의 역할로 먼저 받은 사랑을 흘려보내야 합니다. 이것이 교회의 환대입니다.

【 중요 Point 】

○ **환대**: 반갑게 맞아 정성껏 후하게 대접함(표준국어대사전)

○ **교회의 환대**: 하나님의 환대를 받아 본 사람들이 이웃들에게

하나님의 환대를 경험케 하는 것

프로그램에 참여한 지역사회 참여자들이 접해보지 못했던 교회 만의 환대를 실행하는 것을 기반으로 프로그램이 진행될 장소를 교회 안에서의 진행, 교회 밖에서의 진행으로 구분하여 살펴보고자 합니다.

**"어렸을 때 우리교회 목사님의 따님께 피아노를 배웠습니다."**

저는 어렸을 때 낯가림과 대인 기피증이 매우 심한 아이였습니다. 유치원에 다니지 못할 정도의 수줍음과 낯가림 때문에 친구들이 모두 유치원에 갔을 때, 전 집에서 혼자 인형 놀이를 하거나 놀이터에 가서 혼자 놀았습니다.

초등학교 때 피아노를 배우고 싶은 마음이 들었지만, 그때도 낯가림이 매우 심해서 아파트 상가에 있는 피아노 학원에는 갈 용기가 생기지 않았습니다. 그러던 중 교회 예배 반주를 하시던 MH언니(목사님 따님)한테 배운다면 거기는 갈 수 있을 것 같다는 생각이 들었습니다. 그래서 엄마가 특별히 MH언니에게 부탁해서 그때부터 목사님 댁으로 가서 피아노를 배우기 시작했습니다. 그 당시 음대에 다니던 언니와 시간을 잡고 피아노를 배웠습니다. 낯가림이 매우 심했던 저에게 거의 유일한 학교 이외의 교육이 바로 MH언니에게 배운 피아노 레슨이었습니다.

몇 개월 뒤 교회 주일학교의 한 살 아래 동생이 자기도 배우고 싶다 해서 학생이 2명으로 늘었습니다. 배우려는 학생들이 조금씩 늘어나 주일학교의 여러 명의 어린이들이 목사님 따님께 피아노를 배우게 되었습니다. 제가 레슨 받고 나면 다음 타임에 친한 교회 동생이 배우러 왔고, 레슨이 끝나길 기다렸다가 집에 같이 오기도 했습니다. 목사님 사모님께서 가끔 맛있는 음식도 해주셨던 기억이 납니다. 피아노를 배우러 가는 것이었지만 그곳에서 나누었던 교회 친구들과의 즐거운 시간들을 통해 낯가림도 많이 극복할 수 있게 되었고, 교회생활도 더 적극적으로 하게 되었습니다. 피아노를 배우러 목사님 댁에 간다는 자체가 뭔가 세상의 교육장에서 느낄 수 없는 보호와 따뜻함이 있다는 것을 어린 나이에 제 영혼이 감지했던 것 같습니다. 제가 배운 것은 피아노였지만 더 크게 얻은 것은 오랫동안 저를 힘들게 했던 낯가림을 극복할 수 있었다는 것, 그리고 교회라는 울타리 안에서 사랑과 보호를 느끼면서 성장할 수 있었다는 것이었습니다. 다른 아이들에 비해 수줍음과 대인 공포증이 심했던 어린아이에게 교회 목사님 댁에 피아노를 배우러 가던 시간은 어린 인생 경험에 있어서 참으로 즐겁고 뭔가 할 수 있다는 자신감을 얻게 된 시간이었습니다.

대인 공포증이 심한 아이를 특별히 가르쳐 주기로 하면서 시작된 피아노 강습은 수강생이 점점 많아지면서 공식적인 교회 내 피아노 강습소가 되었습니다. 그곳에서 친구들과의 즐거운 시간들, 함께 발표회도 하고 소박하게 생일파티도 하던 기억들이 지금 생각해도 참 좋습니다. 교회 내에서 무엇인가를 배운다는 것, 그것은 또 다른 영혼 구원의 좋은 도구로 쓰임 받을 수 있다고 생각합니다. 가족 이외의 사람과 대화하는 게 어려웠던 어린아이에게 정상적인 사회생활을 할 수 있도록 그 마음속에 용기와 작은 자신감을 심어준 것이 바로 교회 내에서의 교육이었다고 생각합니다.

## 1) 교회 안에서 진행

교회평생교육 프로그램을 진행하는데 있어서 목회자들이 '교회의 거룩성이 훼손되지 않을까?'라는 염려를 하실 수 있습니다. 최근 이와 같은 문제를 명백히 설명해 주는 연구와 논문[5]들이 많이 발표되고 있습니다. 이들을 참조하여 보면 염려와는 달리 목회자들은 평생교육을 위해 교회시설을 활용하는 것을 교회의 거룩성을 훼손하지 않는 것으로 인식하고 있고, 의외로 많은 목회자들이 평생교육에 대해 열린 자세를 가지고 있음을 알 수 있습니다.

평생교육 기관으로서의 교회는 다른 기관과 비교하여 장점이 될 만한 자원이 이미 완비되어 있습니다. 교회는 어느 지역마다 존재하고 있으며, 교회 내에는 활용할만한 장소도 마련되어 있습니다. 인적, 물적, 환경적 자원이 어느 기관보다 잘 구비되어 있다는 것입니다.

하지만 교육 프로그램을 운영·진행하기 위해서는 프로그램에 맞는 적절한 시설과 설비가 필요합니다. 이러한 내부자원 요인들이 프로그램 효과에 많은 영향을 줍니다. 특히 교회평생교육은 현재 사용 중인 예배실이나 회의 공간, 연습 공간 등을 병행하여 사용하기 때문에 용도에 맞게 변형시키지 않고 그대로 사용한다면 참여자들이 많은 불편함을 느끼고, 프로그램의 성과도 현저히 떨어지게 됩니다. 따라서 프로그램을 시작하기 전에 장소와 관련된 많은 항목들을 점

---

5 　김민지(2013). 평생교육을 위한 교회시설활용에 대한 목회자의 인식도 연구. 백석대학교
　　권희철(2014). 교회 평생교육에 대한 수요분석을 통한 중,소형 교회 평생교육 모형개발.
　　숭실대학교.

검하는 것이 매우 중요합니다. 참여하는 지역사회 학습자들은 학습이 본업이 아니기 때문에 그들이 학습하는 데 불편함이 없도록 준비해야 하며, 프로그램에 직접적으로 영향을 미치는 시설, 즉 교육 장소 및 프로그램을 지원하는 기자재들의 준비상태를 신중하게 점검해야 합니다.

교육 장소의 규모는 참석자 수 대비 약간 여유 있는 편이 좋으며, 교육 인원이 소규모일 경우 가급적 교회 내 교육 장소를 활용하는 것이 좋습니다. 운영될 프로그램의 특성을 잘 파악하여 교육장 공간을 보완하는 것이 필요합니다. 실습이나 연습이 필요한 곳은 좀 더 넓은 곳으로 선정하는 것이 좋습니다.

책상이나 부대시설, 장비 등은 교회 내 구비되어 있는 물품을 주로 사용하되 사전에 반드시 점검해야 합니다. 교육용으로 적합한 의자와 책상의 경우 모둠별로 진행하는 프로그램이라면 붙박이용 책상이나 의자보다는 이동이 가능한 것으로 선정해야 합니다. 교육장 내 예배를 위한 가구들이나 집기류들은 파손을 예방하고 교육에 방해가 되지 않도록 다른 곳으로 이동하거나 불가피할 경우 한쪽으로 깔끔하게 정리해 두는 것이 좋습니다. 교육장의 조명은 밝게 유지하며, 소음이 많은 곳이라면 창문이나 출입문을 닫아 가능한 조용한 분위기를 조성합니다.

마이크와 음향 시설은 미리 볼륨을 조정하며, 동영상 등을 사용할 경우 동영상 구동이 잘 되는지, 스피커 상태는 양호한지 확인합니다. 학습자들이 노트북을 이용하는 등 전원이 많이 필요할 경우

사전에 멀티탭들을 추가로 준비해 두어야 합니다.

또한 컴퓨터와 빔프로젝터 작동법을 강사에게 미리 알려주어 교육하는 동안 오작동이나 작동에 미숙함이 없이 매끄럽게 진행되도록 해야 합니다. 화이트보드나 마커, 문구류, 실습도구 등 강사가 필요한 기자재 등은 사전에 파악하여 준비합니다. 교육과정에 사용할 비품들은 지정장소를 정하여 보관하며 분실되거나 파손되지 않도록 관리하는 것도 중요합니다. 교육 장소 점검 리스트를 미리 작성하여 대비하는 것이 바람직합니다.

The
Church
Lifelong
Education

## [표2-3] 교육 장소 점검 리스트

| | 항목 | 점검 |
|---|---|---|
| 1 | 참석 인원 | |
| 2 | 교육장 크기 | |
| 3 | 교육장 배열 | |
| 4 | 교육용으로 적합한 의자와 책상 | |
| 5 | 교육장 내 가구들의 배치 | |
| 6 | 교육장 조명 | |
| 7 | 교육장 내외의 소음 | |
| 8 | 마이크 | |
| 9 | 필요 설비(시설물) | |
| 10 | 주의 산만 요소들 | |
| 11 | 교육장 내 음향 상태 | |
| 12 | 전기설비 | |
| 13 | 전원 추가확보 여부 | |
| 14 | 빔프로젝터 | |
| 15 | 화이트보드 및 마커 | |
| 16 | 컴퓨터 | |
| 17 | 비품 보관 장소 | |

## ⊙ 잠깐 들어볼까요?

### 교회에서 평생교육을 운영해 본 어느 강사 이야기

저는 교회 평생교육 아카데미에서 미술심리 프로그램을 12주 간 진행했습니다. 해당 교회에서는 운영되는 모든 과정이 12주로 고정되어 있어 저도 12주 과정으로 커리큘럼을 구성하여 시행했습니다. 모든 과정이 월요일에 진행되었는데 월요일은 교회가 쉬는 요일, 즉 교회 직원분들과 교역자분들이 교회에 나오지 않는 날이었습니다. 그러다보니 교육이 진행되는 당일은 교회 전체가 불이 꺼져있어 분위기가 너무 어둡고 적막했습니다. 여기가 교육장소가 맞나 싶은 느낌이 들 정도였습니다.

또 교육 담당자분이 따로 없어 강사가 강의실의 불을 켜고 컴퓨터, 빔프로젝트, 마이크 및 음향까지 준비해야 했는데 가끔 음향이나 빔프로젝트가 오작동하면 부탁드릴 분들이 없어 난감하고 당황스러워 교회적인 도움이 너무 아쉽다고 생각했습니다. 제가 배정받은 강의실은 유년부 학생들의 예배실이었는데 강의실 규모가 학습자 수에 비해 너무 넓었고 과정 중 학습자분들이 몇 분 결석하시면 더욱 썰렁했습니다.

한꺼번에 결석하시는 경우도 있어 당황스러운 적이 있었는데, 가령 학부모들이 학교 행사가 있어서 아이들을 돌봐줘야 할 경우 같은 학교 학부모님들이 모두 참석을 못하시더라고요. 빠지는 분들도 사정상 어쩔 수 없어 많이 아쉬워들 하셨고요. 그럴 경우는 굳이 모든 과정을 12주로 통일하지 말고 프로그램 특성에 맞게 기간을 단축하는 것도 효과적이겠다고 생각했습니다.

교회가 지역사회를 위해 교회를 개방하여 프로그램을 진행하는 자체는 매우 바람직하다고 생각합니다. 참여하시는 분들도 하나같이 프로그램도 좋고 가까운 곳이니 다니기에도 좋다고들 하셨습니다. 위에서 언급했던 부분들과 더불어 좀 더 따뜻하고 밝은 분위기 속에서 함께 도와주시는 분들도 그 시간에 같이 계셔주시는 모습을 보여주는 것이 훨씬 효과적이지 않을까 생각합니다.

## 2) 교회 밖에서 진행

### (1) 현장 체험 학습의 목적

안전이 뒷받침된 체험 중심의 교육활동은 다양한 경험을 가능하게 합니다. 이러한 활동을 통해 교육의 주제와 내용의 한계를 넘어선 자유로운 교육이 가능해집니다. 타 기관이나 장소와 연계된 교회 밖 활동을 통해 다양한 교육 기회에 접근할 수 있으며 그러한 활동으로 개인의 경험과 능력을 높일 뿐 아니라 협동심과 인성을 기르고, 나눔과 배려를 실천하고 경험할 수 있습니다.

현장 체험 학습을 통해 기독교 세계관을 바탕으로 하나님이 창조하신 환경과 사회, 학문을 경험하고, 교회평생교육 담당자와 인솔자, 봉사자들을 통해 하나님의 사랑과 헌신을 보여주는 좋은 기회의 장을 펼칠 수 있습니다.

### (2) 현장 체험 학습의 구분

#### ① 숙박형 현장 체험 학습

(a) 주제별 체험 학습: 견문을 넓히기 위해 사회, 자연, 문화 등 다양한 분야를 직접 체험함으로 여러 장소를 오가며 실시하는 숙박형 활동

(b) 수련 활동: 공동체 의식, 협동심을 함양하기 위해 수련원과 같은 일정 장소에서 실시하는 숙박형 단체 활동

② **1일형 현장 체험 학습**: 하루 동안 이루어지는 단순 관광, 관람, 견학, 강의 등 비숙박 체험 활동

## (3) 현장 체험 학습 운영 방향

① 현장 체험 학습의 교육적 효과와 사회적 요구 등을 고려하여 안전하고 질 높은 현장 체험 학습을 운영합니다.
② 현장 체험 학습 실시 계획 수립 및 운영 시 참여자의 의견을 적극 반영합니다.
③ 계획을 수립·시행하는 과정에서 참여자의 안전관리에 특히 유의하고, 유해환경 밀집 지역 및 안전 취약 지역에서의 현장 체험 학습은 금지합니다.

## (4) 현장 체험 학습 공동 준수 사항

① 허가 및 등록된 시설을 이용합니다.
② 위탁운영 시 기관의 인증 등록을 확인합니다.
③ 사전(현장)답사 및 이동 경로별 사전 안전교육을 실시합니다.
　(교통수단별 사전 안전교육 실시: 선박, 항공, 기차 등 포함)
④ 인솔교사의 임장지도를 의무화합니다.
⑤ 체험지 이탈, 음주 등 행동강령, 복무규정 등 위반사항에 대해 교육합니다.

⑥ 숙소 도착 후 대피로 확인 및 상황 발생 시 행동요령교육을 실시합니다.

⑦ 숙박시설의 소방, 전기, 가스, 위생 등 안전 점검 결과(최근 1년 이내 개별 법령에 따른 점검 결과)를 해당 업체나 해당 시군구청으로부터 확인합니다.

⑧ 참여자 수송차량 운전자에게 휴식시간을 보장합니다.

  (a) 무리한 체험 일정을 자제하여 운전기사의 충분한 휴식시간을 확보합니다.

  (b) 장시간 무리한 체험 일정으로 인한 장거리 연속 운전이나 야간 운전 등의 상황이 일어나지 않도록 합니다.(마지막 운행 종료시간으로부터 8시간 이상 휴식시간 보장)

⑨ 적정 인솔자를 확보하여 운영합니다.

## (5) 운영 주체별 역할

### ① 교회평생교육 운영 담당자

  (a) 담당자는 교통수단과 시설의 사용 전에 긴급상황을 대비한 안전장구의 비치 및 사전 안전교육의 여부 등을 점검하고, 필요한 경우에는 계약 상대자에게 이를 보완하도록 요청해야 합니다.

  (b) 담당자는 체험 학습에 따른 인솔 책임자, 인솔·지도교사 등을 적정하게 배치하고 임무를 지정해야 합니다.

② **인솔자**

(a) 인솔 책임자는 체험 학습 교육자료와 긴급상황을 대비한 구급약품 등을 준비하고 차량으로 이동하는 경우 각 차량마다 '현장체험학습' 표지를 부착합니다.

(b) 인솔 책임자는 체험 학습 중 교육활동을 총괄하고 안전 책임자, 인솔·지도교사와 비상 연락 체계를 유지하여 안전사고 예방과 대처에 최선을 다해야 합니다.

(c) 인솔·지도교사는 교육목적에 맞게 교육활동을 전개하고, 신체가 허약하거나 보호가 필요한 참여자를 확인·관리하여 안전사고 예방 및 대처에 최선을 다해야 합니다.

(d) 인솔·지도교사는 차량으로 이동 시 운전자 가까이에 탑승하여 운전자의 준법 및 안전운행에 필요한 사항을 협의하고, 탑승자가 안전운행에 방해되는 행위를 하지 않도록 지도해야 합니다.

③ **참여자**: 인솔·지도교사는 체험학습에 참가하는 참여자들이 그 기간 중에 다음 각 호의 사항을 준수하도록 교육해야 합니다.

(a) 모든 교육 프로그램에 성실히 참여하고 심신 수련에 최선을 다해야 합니다.

(b) 인솔 책임자, 인솔·지도교사, 안전 책임자, 프로그램 진행자들이 제시하는 안전지도 사항을 준수해야 합니다.

(c) 긴급상황이 발생할 경우 인솔·지도교사에게 신속하게 연락

해야 합니다.

(d) 부득이한 사유로 교육활동을 계속할 수 없는 경우 인솔·지도교사의 허락을 받아야 합니다.

(e) 유해하거나 위험한 장소 또는 시설 등에는 접근을 금지해야 합니다.

(f) 교통수단을 이용할 때는 안전을 방해하는 행위는 금지해야 합니다.

## (6) 교회 밖 평생교육 사례

① **역사 테마**: 각 지역의 역사지 탐방, 박물관 탐방, 선교지 탐방 등

② **인문 예술 테마**: 박경리 토지 길 여행, 미술관 투어 등

③ **생태환경 테마**: 숲 학교, 환경 교실, 등산 등

④ **스포츠 동호회 테마**: 탁구, 테니스, 축구, 등산, 골프, 승마 등

⑤ **자격증 취득 테마**: 원예, 커피, 제과제빵 등

※ 아래 절차는 예시이며, 교회 여건 및 현장 체험 학습의 유형에
맞게 조정 가능함.

[표2-4] 현장 체험 계획 예시

| 구분 | 내용 |
|---|---|
| 현장체험학습<br>기본계획 수립 | · 참여자 안전대책, 안전교육 실시, 안전을 위해 필요하다고 인정되는 사항 등을 포함하여 기본계획 수립<br>· 계약 관련 담당 부서와 반드시 협의 |
| 현장체험학습<br>활성화위원회<br>구성 및 역할 | · 기본계획 검토(일정, 장소, 경비, 안전대책 등)<br>· 동의율 설정<br>· 1차 안내문 발송(자체 동의 비율 반드시 안내)<br>· 동의율 미달시 취소 여부 결정 |
| 운영위원회 심의 | · 현장체험학습 운영 관련 심의(일정, 장소, 경비, 안전대책 등) |
| 계약시행 | · 지방자치단체를 당사자로 하는 계약에 관한 법 등 준수<br>· 지방자치단체 입찰 및 계약 집행 기준 등 준수 |
| 현장답사 | · 숙박형: 1회 이상 의무 실시<br>· 1일형: 안전대책이 확보되었다고 판단되는 경우 현장체험학습 활성화위원회 심의를 거쳐 생략 가능 |
| 사전업무처리 | · 2차 안내문 발송 및 취소 시 참여자 교육계획 수립<br>· 비상연락망 작성, 인솔자 및 안전요원 확보<br>· 요보호 학생 파악 및 비상약품 준비 |
| 안전교육 | · 차량 이용, 시설 이용, 교육 프로그램 안내, 안전사고 예방교육 등 실시 |
| 인솔자 안전연수 | · 응급처치 요령, 안전지도 요령, 비상탈출, 안전장구의 사용법 등 실시 |

| 정산 및 자체평가 | · 정산 및 공개<br>※ 종료 후 10일 이내 정산하고, 정산일로부터 10일 이내 집<br>행 내역 공개 또는 교회 홈페이지 공지<br>· 자체평가(**학생, 교사 대상** 만족도 조사 및 결과 분석·활용) |
|---|---|
| 사전·사후 정보방 | · 정보를 공유할 연락망 구성 |

## 3) 체험봉사를 통한 이웃 사랑 실천

교회 성도들이 중심이 되어 이뤄지는 지역사회를 향한 다양한 봉사
활동은 지역과 이웃에게 하나님의 사랑을 실천하는 행위입니다. 이
는 교회평생교육의 중요한 현장 체험교육입니다.

The
Church
Lifelong
Education

⊙ **잠깐 들어볼까요?**

**교회의 지역사회 봉사 이야기 사례**

복된이웃교회(담임목사 이동현)는 교회 내 대표적인 지역 봉사 팀인 '선한 이웃봉사대'가 있습니다. 선한이웃봉사대는 광주시청에 자원봉사단체로 등록되어 있으며 경안천 정화 활동, 사랑의 집수리, 연탄은행 봉사 활동 등을 지속적으로 펼치고 있습니다.

경안천은 광주시가 본격적으로 도시개발이 시작되면서 오염되고 더러워져 시민들의 눈살을 찌푸리게 하는 하천이었습니다. 이렇게 더러웠던 경안천은 현재 최상의 수질을 갖춘 생태의 보고로 되살아났습니다. 여기에는 지난 15년여 동안 꾸준히 경안천 살리기에 앞장섰던 선한이웃봉사대의 역할이 컸습니다. 매일 경안천으로 출근하여 환경과 생태를 살리는 일에 매진한 성도들을 포함해 매주/매월 정기적으로 정화 활동을 나가는 팀원들의 노고가 있었기 때문입니다.

**- 사랑의 집수리 & 연탄 은행 봉사활동**

이와 더불어 사랑의 집수리 사역이 시작된 계기가 있습니다. 경안천 정화 활동을 할 때 몇 톤씩 쏟아져 나오는 쓰레기 중 신문, 고철, 파지 등을 골라내어 고물로 내다 팔며 수익을 내었습니다. 이 돈이 씨앗 자금이 되어 혼자 사는 어르신들의 집수리를 시작하게 되었습니다.

봉사 팀에서 활동하는 팀원들은 자신들의 직업과 여가를 교회의 평신도 사역으로 연결합니다. 이는 복된이웃교회의 평신도 사역 방식으로, 혼자서는 할 수 없는 일들을 팀을 꾸려 교회 안팎을 섬기게 합니다.

연탄 은행 활동은 지역사회의 소외된 이웃을 돌아보는 봉사로, 대상자는 주민복지센터 복지과에서 선정받습니다. 매년 추운 겨울이 오기 전 지역의 소외된 이웃에게 따뜻한 연탄과 함께 따뜻한 마음도 함께 채워드리고 있습니다. 연탄 은행 활동은 가족들이 함께 봉사하는 경우가 많습니다. 우리 아이들에게 예수님의 나눔과 섬김의 모습을 경험하게 하는 더없이 소중한 사랑의 실천이 되고 있습니다. 이들이야말로 지역에서 도움이 필요한 분들과 자연 속 피조물에게까지 아낌없이 하나님의 사랑을 흘려보내는 이 시대의 진정한 행동하는 그리스도인들입니다.

## 3. 누가 하나요?(Who)

### 1) 교회 인적자원[6]의 활용

#### (1) 교회 인적자원의 필요성

교회는 다양한 사람들이 모인 곳입니다. 교회 안에서 신앙공동체로 생활하지만, 각자가 가지고 있는 관심과 전문성은 모두 다릅니다. 이러한 다양성을 효과적으로 활용한다면 교회평생교육을 활발하게 운영할 수 있습니다. 교인 중에는 이웃을 향한 높은 관심을 가진 사람들이 많고 여러 분야의 전문 인력, 준 전문 인력, 자발적인 마음을 가진 인력 등이 많이 있습니다.

교회조직은 구성이 매우 다양하고 체계적입니다. 연령에 따른 조직, 기능에 따른 조직, 지역에 따른 조직, 관심도에 따른 조직 등으로 나뉘어져 있습니다. 따라서 교회평생교육이 추구하는 목표에 맞게 교회조직을 적재적소에 배치할 수 있습니다.

교회평생교육 프로그램을 개발하고 운영하기 위해서는 실제 교육과 실무 행정 등의 협업이 필요합니다. 이것을 담임목사 혼자 또는 다른 교역자들이 도맡아 하는 것은 쉬운 일이 아닙니다. 프로그램을 질적으로 높이기 위해서는 전문적인 교육을 받은 강사가 있어야 합니다. 또 프로그램 운영을 위한 제반 업무를 전담할 수 있는 인력도

---

6  본서에서 인적자원은 교회 성도들이 교회평생교육 운영에 일정한 역할을 맡아 활동하는 경우를 지칭합니다.

필요합니다. 따라서 교회 내 인적자원을 개발하고 이들과 함께 효율적으로 업무를 분담해야 합니다.

현재는 교육전도사, 교육목사 등의 이름으로 함께 교회의 여러 가지 프로그램을 운영하는 경우가 많습니다. 그러나 여러 가지 사정으로 인해 이러한 인력이 변경될 경우에는 기존 프로그램이 연속적으로 운영되기 쉽지 않습니다.

교육의 전문성 강화를 위해서 전문인력 확보는 필수적입니다. 교회가 추구하는 교육의 방향에 맞는 전문적이고 체계적인 교육은 그 분야의 전문인력을 통해 실현 가능합니다. 또 교회 사역자들의 변동으로 인한 프로그램의 연속성에 문제가 발생하는 것을 막아야 합니다. 이러한 여러 가지 상황을 해결하기 위해 교회 안에 있는 인적자원을 적극적으로 활용하고 개발하는 것이 필요합니다. 교회 밖에 좋은 인적자원을 활용하는 것도 좋은 방법이 될 수 있습니다. 그러나 교회가 추구하는 목표와 성격에 맞는 프로그램 운영을 위해서는 교회의 비전과 철학을 오랫동안 경험하고 추구해 온 성도들 중에서 적임자를 찾는 것이 가장 좋습니다.

이런 것들이 가능하기 위해서는 교회의 지도자인 담임목사, 장로 등의 지원과 공감이 있어야 합니다. 기존의 교육목사, 교육전도사와 교회 내 인적자원 간의 긴밀한 협력과 상호보완이 필수적인데 이를 위해서 교회 지도자의 협조가 반드시 뒤따라야 합니다. 다양한 프로그램들을 진행하는 데 있어서 누가 어떤 역할을 맡아 진행하는지 알아야 합니다. 그리고 각자의 역할이 무엇인지를 명확하게 안내하여 서로 불필요한 갈등을 줄이는 일도 필요합니다.

### (2) 교회 인적자원의 역할(강사, 운영진)

교회 인적자원은 교회가 추구하는 목회의 본질과 성경적 가치를 중심으로 한 프로그램 운영의 핵심이 되어야 합니다. 물론 교인들의 신앙적인 성장, 영적인 문제 등을 다루는 일은 목회자들이 담당해야 합니다. 그러나 그 외 평생교육 관점의 교회프로그램을 운영하는 데 있어서는 전문적인 교회 인적자원이 핵심이 되어 운영하는 것이 필요합니다. 교회 인적자원은 교회평생교육 프로그램의 개발, 운영, 평가 등 모든 영역에서 교회의 지도자와 함께 참여할 수 있습니다. 그리고 만들어진 교회평생교육 프로그램을 실행하고 실제로 교육할 때 교회 인적자원은 자신들이 가진 전문성을 바탕으로 핵심적인 역할을 담당해야 합니다.

교회 인적자원은 프로그램 개발에 있어 기존 성도들의 요구사항을 반영할 뿐 아니라 비신자들의 요구사항도 세밀하게 반영하는 역할을 해야 합니다. 교회 인적자원은 교회의 담임목사나 교역자가 아닌 성도들입니다. 그들이 좀 더 성도의 관점에서 어떤 프로그램들이 필요한 지를 알 수 있습니다. 또 비신자들과의 접촉 기회가 많기 때문에 교회에서 비신자들을 위한 프로그램 개발에도 중요한 역할을 할 수 있습니다. 교회 인적자원은 성도들과 비신자들의 필요를 교회평생교육의 관점에서 보고, 기존 성도들과 비신자들이 교회를 통해 얻고자 하는 교육의 방향을 제시하고 그것이 어떤 프로그램으로 운영될 수 있는가에 대해 교회 지도자, 교회 구성원들과 협의 조율하는 역할을 해야 합니다. 또 교회 밖의 비신자들이 거부감 없이 교회를 통해 평생교육 프로그램을 누릴 수 있도록 그들이 교회로 들어오는 문턱을 낮추는 역할도 해야 합니다.

뿐만 아니라 기존 평생교육기관, 지자체 프로그램과 교회평생교육 프로그램을 어떻게 연계할 수 있는지 고민해야 합니다. 기존에 있는 프로그램과 중복하여 교회평생교육 프로그램을 운영할 필요는 없습니다. 교회 인적자원은 교육자이면서 동시에 피교육자의 마음으로 학습자들의 요구를 실제적이고 현실적으로 분석해야 합니다. 실제 학습에 참여할 대상자들의 필요가 무엇인지, 실제로 원하는 것이 무엇인지를 세밀하게 파악하고 적용하는 역할을 해야 합니다.

또 교회와 사회, 교회평생교육과 지역 평생교육기관과의 가교 역할을 해야합니다. 지역 평생교육기관과 협력하는데 교회 인적자원이 보다 효과적인 역할을 할 수 있습니다. 교회 인적자원은 대부분 그 지역의 주민인 경우가 많고 지역 평생교육기관과 교회평생교육 모두의 상황을 잘 이해할 수 있기 때문입니다. 이러한 이해가 바탕이 되어야 그 지역사회 이웃들과 소통하고 교회의 형편에 맞는 프로그램을 개발하고 운영할 수 있습니다.

### (3) 교회 인적자원을 활용할 수 있는 방법

교회는 교회평생교육에 대해 열린 마음과 깊은 이해를 가져야 합니다. 구체적으로 교회를 담당하는 지도자들과 성도들이 교회평생교육에 대해 충분히 공감해야 합니다. 이러한 공감을 바탕으로 하여 교회가 추구하는 프로그램을 하나씩 개발해 나가야 합니다. 이렇게 공감된 교회평생교육이 진행되면서 교회 안에 있는 전문인력들이 자신들의 역할을 찾을 수 있는 기회를 제공해 주어야 합니다.

이를 위해 교인들 스스로 또는 상대방에 대한 추천서를 써볼 수 있습니다. 가까운 사람들이 알고 있는 서로의 전문성을 추천하여 교회 내 전문인력 풀을 확인할 수 있습니다. 또 교인들을 대상으로 간단한 인·적성 검사 등을 활용하여 자신이 잘하는 일, 부담 없이 할 수 있는 일, 즐겁게 할 수 있는 일을 찾는 것도 좋습니다. 평생 자신이 잘하고 누구보다 즐겁게 할 수 있는 일이 무엇인지 모르다가 이러한 검사를 통해 비로소 어떤 일에 더 가슴 뛰게 일할 수 있는지 그 영역을 찾는 경우도 있습니다. 이러한 검사를 활용하여 교회 안의 인적자원을 발견할 수 있습니다.

교인들 안에서 스스로 조직을 만들도록 유도하는 방법도 있습니다. 마치 학교에서 여러 가지 동아리를 조직하여 원하는 동아리에 참여하고 활동하는 것과 유사합니다. 교회 안에서도 교회평생교육과 관련한 그룹, 팀 등을 만들어 관심 있는 사람들이 먼저 조직을 운영할 수도 있습니다. 그리고 이것이 자연스럽게 교회평생교육 프로그램으로 연결되어 그 조직원들이 하나의 프로그램을 운영하도록 하는 것도 좋은 방법입니다.

기존 교회에 이미 존재하는 교회학교 교사들을 활용하는 방법도 있습니다. 교회학교 교사들은 이미 교회 안에서 학생들을 담당하며 제도적 교육 이외의 역할을 담당하고 있습니다. 어떤 교회에는 25년 동안 교회학교에 근속하시며 초등학교 아이들이 중고등학생, 청장년에 이를 때까지 그 역할을 담당하는 것을 보았습니다. 일반적인 초, 중, 고등학교에서는 25년 동안 근속하는 것이 쉽지 않을 뿐만 아니라 그 학생들과 지속적인 만남을 유지하는 것도 어렵습니다. 그러나 교회학교에서는 가능한 일입니다. 이미 헌신하고 있는 수많은 교회학교 교사들이 자신이 얼마나 중요하고 가치 있는 일을 하는지 일깨워주고 학생들의 삶과 신앙 그리고 학교에서 채워주지 못하는 것을 채워주는 역할을 담당할 수 있도록 도와주는 것이 필요합니다.

⊘ 잠깐 들어볼까요?

Q: 우리교회의 성도들 중에는 일상생활에 필요한 달란트를 가지신 분들이 많습니다. 요리, 문화예술, 건강관리, 상담 등 그 분야도 다양합니다. 이들 중에는 현재 교회교사로, 성가대 지휘자로, 순장으로, 각 부서별 리더 등으로 이미 가르침의 역할을 하는 분도 계시고 교회 밖에서 가르침의 달란트로 교수자 활동을 하시는 분도 계십니다. 그러나 달란트는 있지만 누군가에게 교육의 형식을 통해 가르침을 경험하지 못한 분도 계십니다. 요리 솜씨가 있는 성도에게 다른 성도들이 간단한 밑반찬 만들기나 김치 담그기 등을 가르쳐 달라는 부탁을 하면 이 성도는 간단하게 재료는 무엇이 들어가고 어떻게 하면 된다는 과정을 말만으로 전달하는 것을 보았습니다. 이처럼 그동안 교육의 형식을 통해서 누구를 가르쳐 본 경험이 없는 성도들도 교회평생교육 교수자의 역할을 할 수 있을까요?

A: 네 가능합니다. 교회평생교육 강사[7] 연수나 워크숍을 통해 가르치는 방법을 배운다면 누구나 교회평생교육 강사가 될 수 있습니다.

7  교회평생교육 강사: 교회평생교육은 무엇보다 기도와 사랑이 밑거름입니다. 기도와 말씀의 토대 위에, 평생교육을 통해 영적인 성장과 회복을 경험하고, 지역사회 선교를 위해 본인의 달란트를 사용하는 사람을 본서에서는 교회평생교육 강사로 칭합니다.

### (4) 교회 인적자원에게 필요한 연수

교회의 중요한 본질과 사명 중 하나는 성도를 온전하게 교육하여 그리스도의 몸된 교회로 세워 나가는 일입니다. "그가 어떤 사람은 사도로, 어떤 사람은 선지자로, 어떤 사람은 복음 전하는 자로, 어떤 사람은 목사와 교사로 삼으셨으니 이는 성도를 온전하게 하여 봉사의 일을 하게 하며 그리스도의 몸을 세우려 하심이라"(엡 4:11-12)

교회는 성도를 온전하게 하여 봉사의 역할을 감당할 수 있도록 도와주어야 합니다. 교회에서 평생교육을 담당할 수 있는 인적자원들에게 필요한 것을 제대로 가르쳐 주어 자신의 역할과 사명을 잘 수행할 수 있도록 해야 합니다. 교회평생교육을 위해 교회 인적자원 교육은 필수적입니다. 교회 내 인적자원이 교회평생교육의 필요성을 이해하고, 자신들의 역할과 중요성을 알게 하는 것이 중요합니다.

먼저, 교회평생교육의 목적과 교회의 비전을 공유하고 이해하는 것이 반드시 선행되어야 합니다. 교회 안에서 이루어지는 평생교육의 목적이 성경적인 것을 벗어나거나 지나치게 세상과 괴리되면 안됩니다. 또 각 교회가 추구하는 교회의 비전을 공유하고 교회평생교육의 궁극적인 목적이 무엇인지를 함께 아는 것이 필요합니다. 이를 통해 일관된 교회평생교육 운영이 가능합니다.

그리고 가르치는 방법에 대한 교육이 필요합니다. 좋은 기술을 가지고 있다면 이것을 효과적으로 전달하는 방법도 매우 중요합니다. 교수방법에 대한 기본적인 이해가 없이는 효과적으로 교육하는 것이 어렵습니다. 따라서 기본적인 교수법에 대한 교육이 필요합니다.

더불어 학교 체제를 넘어선 새로운 형태의 교회평생교육에 대한 인식 교육도 필요합니다. 교회평생교육은 단순히 지식 전달의 장이 아니라 지·정·의가 함께 어우러지는 교육의 장이 되어야 합니다. 신앙과 인격, 지식 등이 균형을 이루어 나가는 교회평생교육이라는 인식을 위한 교육이 필요합니다. 교회평생교육을 위한 교회 인적자원 교육의 실제적인 방안을 살펴보겠습니다.

**① 교회평생교육 교수방법의 기본과정**
   (a) 개념: 교회평생교육 교수자에게 필요한 기본적인 교수방법을 학습합니다.
   (b) 대상: 교수자 역할을 처음 하게 되는 강사나 기존에 수업 경험은 있으나 성인 학습자를 대상으로 하는 수업은 처음인 강사를 대상으로 합니다.
   (c) 목적: 기본교육과정은 교회평생교육 교수자에게 필요한 기본적 교수방법 습득을 목적으로 교회평생교육 교수자 역할을 하고자 하는 성도나, 현재 교회에서 가르치는 섬김의 역할을 하지만 교수 기법이 필요한 성도에게 필요한 교육과정입니다.

'교육을 한다는 것은 한 편의 드라마를 만드는 종합예술과도 같다'는 말이 있습니다. 훌륭한 작품인 교회평생교육의 교수자는 이 드라마의 주연배우와도 같은 역할을 하는 것입니다. 이 역할을 잘 감당하기 위해서는 드라마와 같이 연출과 시나리오가 준비되어야 하고,

효과적인 교육을 하기 위해 필요한 방법들을 배워야 하며 실천을 위해 계속해서 연습해야 합니다.

기본교육과정에서 학습하는 대표적인 내용은 교회평생교육 강사가 갖추어야 할 요건에 대한 이해입니다. 참가자들을 대하는 태도, 수업 준비, 돌발 상황에 대한 대처법 등입니다. 그리고 교회평생교육 참여 대상자에 대한 특성을 이해하는 것이 필요합니다. 그리고 전체 과정을 어떻게 진행할지 강의 계획서를 작성하는 방법을 알고 준비해야 합니다. 매 차시 진행하고자 하는 수업의 내용과 시간 배분, 교수 방법, 매체 활용 등 교육내용 구성에 대한 계획인 교안을 작성하여 전체 수업과정을 짜임새 있게 마련해야 합니다.

교수자 SWOT분석을 통해 자신의 강점과 약점, 외부환경의 기회와 위협을 파악하여 부족한 부분은 대비책을 마련하고 강점과 기회요인을 더 부각시킬 수 있도록 전략을 세워야 하고, 이는 교수자 자신과 교육환경 변화에 보다 용이하게 대처할 수 있게 해줍니다.

그리고 수업을 진행할 때는 맨 처음 어떻게 시작하고 어떻게 마무리하는 지가 매우 중요합니다. 시작은 당일 수업을 기대하게 하는 동기부여가 되고, 마무리는 다음 수업에 꼭 참여해야겠다는 재 동기부여가 되기 때문입니다. 또한 교회평생교육 프로그램을 처음으로 진행하는 교수자의 경우 프로그램 진행 전 자신의 강의를 전문가에게 점검받는 것도 매우 효과적인 방법이며 자신의 강의를 촬영해 보고 수정할 부분을 점검하는 방법도 큰 도움이 됩니다.

【 교수방법 기본 교육과정 주제 예시 】

교회평생교육의 이해, 교회교육 강사에게 필요한 기본 이해, 학습대

상자에 대한 이해, 교안 작성법, 교수자 SWOT분석, 오프닝 & 클로

우징 스킬, 강의기법(1), 모의 강의 실습 및 피드백 등


② 교회평생교육 교수방법의 심화과정

   (a) 개념: 교회평생교육 교수자에게 필요한 보다 더 구체적이고

       심화된 교수방법을 학습합니다.

   (b) 대상: 교회평생교육 교수방법 기본과정을 수료한 교수자를

       대상으로 합니다.

   (c) 목적: 교수방법의 심화 교육과정은 교회교육을 하는 교회

       관계자들이 다양한 교수 기법을 적용하여 교회평생

       교육을 잘 수행할 수 있도록 하는 과정입니다. 따라

       서 기본과정을 수료한 성도나 교수 기법의 역량을 강

       화하고자 하는 성도 그리고 교회의 각 부서 리더 등

       에게 필요한 교육과정입니다.

교회평생교육 교수자는 그리스도 안에서 참 소망을 전하는 자입

니다. 언제 어디서든지 소망을 묻는 교육 참여자들에게 내 안에 참

된 소망과 은혜를 전해야 합니다. 이 풍성한 은혜를 어떻게 전해야

할까요? 이 소망의 씨앗이 땅에 떨어지지 않도록, 그리고 학습자들

의 마음과 귀를 열도록 그들의 필요를 알고 다각도로 분석한 뒤 좀

더 구체적으로 준비해야 합니다.

심화과정에서 진행할 수 있는 연수방법은 교수학습 설계방법의 구제적인 절차를 이해하고 자신의 프로그램을 단계별 절차에 따라 설계해 보는 것입니다. 교수자는 참여자인 학습자들과 프로그램으로 만나게 되지만 학습자들과 더 공감하고 따뜻한 마음을 느끼게 할 수 있는 공감 교수기법을 배워 활용하는 것도 매우 좋은 방법입니다. 최근에는 성인 학습자들도 스마트폰이나 컴퓨터 활용 능력이 뛰어나기 때문에 보다 다양하고 재미있는 학습 Tool을 활용하는 것도 교육 효과를 높이는 매우 좋은 방법입니다.

강의나 이론을 교육할 때 보다 효과적으로 프레젠터이션을 할 수 있는 방법이나 기법들을 배우고 이를 활용하여 학습자들의 이해를 높이는 데 집중해야 합니다. 동시에 교수자로서 호감 가는 강사의 외적인 모습과 강단에서의 스킬, 진심이 담긴 목소리를 구사하기 위한 스피치 실습 등 교수자 자신을 관리하고 교수 스킬을 향상하는 방법을 지속적으로 배우고 활용하여 보다 재미있고 효율적인 수업을 하기 위해 끊임없이 노력해야 합니다.

【 교수방법 심화 교육과정 】

교회평생교육의 이해, 공감 교수기법, 매체 및 보조자료 개발 방법,
효과적인 프레젠테이션 기법, 호감 가는 강사의 이미지, 커뮤니케이
션 기법과 실습, 강단 스킬 등

## 2) 교회평생교육 교수법의 중요성

교수방법이란 전하고자 하는 내용의 전달 방법입니다. 교육을 위해서는 교육내용을 전달하는 방법, 즉 교수법이 중요합니다.

세상의 지식을 전달하는 교수자들은 그 일을 위해 끊임없이 가르치는 역량(교수역량)을 함양하고자 노력하고 있습니다. 대학에서는 교수학습개발원(센터)을 설치하여 교수들의 교수역량을 강화하고 전문대학협의회 및 대학교육협의회에서도 다양한 교수법 연수를 운영하고 있습니다. 또한 초·중등학교의 교사들도 교수법 역량 강화를 위해 정기적으로 교수법 프로그램에 참가하고 있습니다.

환경변화에 따라 다른 교육 기관의 교육내용 전달법은 계속해서 변화하고 있는데 교회교육의 전달법은 어떠한가요? 하나님의 말씀은 세상의 그 어떤 지식과도 비교할 수 없습니다. 따라서 교회도 가르치는 역량을 함양하기 위해 더 많은 노력을 기울여야 합니다. 교회에서도 교육 프로그램을 전달하는 목회자, 교회학교 교사, 교회의 다양한 프로그램 전달자, 구역 인도자 등 교회교육을 전달하는 교회 교수자들의 전달 기법이 중요합니다. 교회학교 어린이를 포함한 성도의 입장에서는 전달 방법에 따라 하나님의 말씀을 더 쉽게 이해하며 은혜로 받아들일 것입니다. 또한 새신자 교육에 참가한 새신자들에게는 복음을 이해하는 데 효과적 도움을 주게 될 것입니다. 그럼에도 하나님의 말씀은 기도로 준비하여 은혜가 되도록 전달하는 것이 무엇보다 중요합니다.

## (1) 달란트가 있는 성도에게 교수방법이 왜 중요할까요?

같은 시간에 같은 대상을 두고도 어떻게 전달하느냐에 따라 교육 내용 전달의 효과에는 차이가 발생합니다. 평생교육에 참여하는 지역주민이나 성도들은 이미 사회나 학교에서 다양한 교수학습방법을 경험하고 참여하는 이들이 많습니다. 이렇게 다양한 사람들과 다양한 상황에 대응하기 위해서는 보다 전문적인 교수방법의 습득이 필요합니다. 기독교교육에서도 교회교육과 복음의 전달 효과를 위해 기독교교육연구소 등에서 교육방법에 대해 연구와 연수를 실시하고 있습니다. 이론적으로 도움을 얻을 수 있는 기독교교육방법에 대한 책들도 많이 나와 있습니다. 이와 같이 달란트가 있는 성도가 교회 평생교육 강사가 되기 위해서는 교수방법이 중요합니다.

## (2) 어떻게 교회평생교육 교수자 연수를 실시하면 될까요?

교회평생교육을 은혜롭고 효과적으로 운영하기 위해서는 구성원들 간의 학습된 내용을 공유하도록 지원하는 것이 필요합니다. 교회 평생교육 교수법 연수 대상자는 달란트는 있지만 형식을 갖춘 곳에서 강의 경험이 없는 성도, 현재 교회나 사회에서 가르치는 교수자 역할을 하고 있는 성도, 현재는 아니지만 가르치는 역할 경험이 있는 성도 등 다양하게 파악할 수 있습니다.

연수는 교회에서 교수법 연수 강사를 초청해서 직접 실시할 수도 있고, 교회교수법 연수기관에서 실시하는 연수에 교인 중 참여를 희망하는 사람을 보내는 방법도 있습니다.

### 3) 교회 밖 강사의 활용

#### (1) 교회 밖 강사의 필요성

교회마다 지역주민이 선호하는 프로그램을 다양한 형태로 운영하고 있습니다. 교회는 프로그램을 통해 지역주민에게 배움에 대한 기회를 제공하고, 지역주민들은 자신이 배우고 싶은 프로그램을 통해 자연스럽게 교회를 방문하게 됩니다. 요즘 가까운 곳에서 내가 원하는 것을 배우고자 하는 요구가 큰 만큼 교회에서 운영하는 평생교육 프로그램은 지역사회에서 중요한 역할을 할 수 있습니다. 따라서 교인들뿐 아니라 지역주민을 대상으로 삶의 전반적인 영역에 대한 요구를 파악하여 교회만의 특성을 반영한 프로그램을 연구하고 운영하는 것은 매우 중요하다고 할 수 있습니다. 특히 평생교육 6대 영역 프로그램과 생애 주기별 특성에 맞는 프로그램을 기획하여 홍보하고 운영한다면 교회평생교육을 이용하는 대상 역시 다양해질 것입니다. 이로써 지역사회의 능력 있는 강사와 이를 필요로 하는 지역주민들 간의 효율적 연결을 위한 역할을 교회평생교육이 담당할 수 있습니다.

교회가 지역사회에서 평생교육기관으로서의 역할을 수행하기 위해서는 다양한 평생교육 분야에서 활동하고 있는 유능한 전문인력을 확보하여 지역주민에게 양질의 평생학습 기회를 제공하는 것이 중요합니다. 따라서 양질의 전문인력 확보를 위해서는 교회 밖 강사에 대한 정보와 강사에 대한 DB구축이 필요하다고 볼 수 있습니다.

## (2) 교회 밖 강사 확보를 위한 방안

### ① 교회평생교육 강사 공개모집

교회평생교육 강사는 교육의 목적이 교회가 추구하는 목적과 같아야 합니다. 단순하게 흥미와 취미만을 배우기 위한 프로그램을 제공하는 것이 아니라 프로그램을 통해 성장과 발전이 이루어지고 자연스럽게 교회 안에서 커뮤니티 활동으로 이어져서 지속적인 학습을 위한 학습공동체가 형성되는데 그 목적이 있기 때문입니다. 이러한 학습목적을 이루기 위해서는 강사의 역량과 가치관이 무엇보다 중요합니다.

교회평생교육을 하게 될 양질의 강사를 확보하기 위한 방법으로 먼저 공고를 통해 교회평생교육 강사를 공개 모집할 수 있습니다. 공고문에 필요한 내용은 모집 대상과 모집 분야 및 모집 인원이 필수이며 교회평생교육 강사로 위촉하려는 기간과 자격 기준, 강의 능력을 인정할 만한 증명서 또는 자격증 소지 여부, 해당 분야에 대한 경력 등입니다. 그리고 선발 시 1차 서류심사와 2차 면접 심사를 각각 반영하여 선발할 수 있습니다. 강사 지원을 위해 제출해야 할 서류는 강사지원서(각 교회 소정 양식), 자기소개서, 강의 수행계획서, 해당 분야 자격증, 해당 분야 강의 경력증명서 등이며 이를 기한 내에 접수하도록 공고합니다.

② 강사 추천서를 통한 강사 확보

강사 추천서를 통해 타 교회나 외부로부터 특정 인물을 추천받는 것입니다. 강사 추천서를 통해 채용할 가치가 있는 강사에 대한 기본적인 정보와 경력 등을 제공받는 것이므로, 강사의 인적 사항과 채용 강사의 주요 경력 사항도 간략하게 기재하도록 합니다. 또한 자격 증명을 위한 입증 서류를 첨부해야 할 경우에는 강사에게 이를 요청하여 제출하도록 합니다.

## 4. 무엇을 하나요?(What)

### 1) 평생교육 영역의 이해

#### (1) 평생교육 6대 영역 분류의 정의

우리나라의 평생교육 프로그램 6대 영역은 평생교육법에 근거한 것으로 일종의 사회체제의 성격을 가지고 있습니다. 즉, 평생교육법 제2조에서는 '「평생교육」이란 학교의 정규교육과정을 제외한 학력보완교육, 성인문자해득교육, 직업능력향상교육, 인문교양교육, 문화예술교육, 시민참여교육 등을 포함하는 모든 형태의 조직적인 교육활동을 말한다.'라고 규정되어 있습니다.

## (2) 평생교육 6대 영역의 구성

김진화(2009)가 제시한 '한국 평생교육 6진 분류표(KLPCS)'를 기반으로 현장의 평생교육 실천가 및 전문가가 쉽게 이해할 수 있도록 그림으로 나타낸 평생교육 프로그램 6진 분류체계를 보면 다음의 [그림2-1]과 같습니다.

[그림2-1] 평생교육 프로그램 6진 분류 체계[8]

구체적으로 기초문해교육은 문자해득 프로그램, 기초생활기술

---

8  경기도평생교육진흥원, 한국평생교육연구소(2016). 경기도 평생교육 프로그램 6대 영역 분류 가이드, 부록 3.

프로그램, 문해학습계좌 프로그램으로, 학력보완교육은 초등학력보완 프로그램, 중등학력보완 프로그램, 고등학력보완 프로그램으로, 직업능력교육은 직업준비 프로그램, 자격인증 프로그램, 현직직무역량 프로그램으로, 문화예술교육은 레저생활스포츠 프로그램, 문화예술향상 프로그램, 생활문화예술 프로그램으로, 인문교양교육은 건강심성 프로그램, 생활소양 프로그램, 인문학적교양 프로그램으로, 시민참여교육은 시민책무성 프로그램, 시민리더역량 프로그램, 시민참여활동 프로그램으로 분류하고 18개의 코드 번호를 각각 부여했습니다.

그림의 내용에 대한 설명은 다음과 같습니다.

첫째, 인간이 경험하는 학습궤적의 시작은 기초문해교육입니다. 이것은 인간이 동물과 다르게 문자를 배우고 익히며 문명인으로 성장하는 새싹의 초록 색감으로 상징화되는 평생교육체제를 의미합니다.

둘째, 한글을 깨우친 아동이 노란색 버스를 타고 학교에 가는 색감으로 상징화되는 학력보완교육입니다. 이것은 모든 국민이 학교 교육체제를 거치면서 세상의 다양한 지식과 기술을 배운 결과에 대해 일정한 기준과 조건으로 인증하는 평생교육체제를 의미합니다.

셋째, 학교 교육을 마친 사람이 직업 세계에 진입하여 주어진 역할과 책무를 수행하며 새로운 삶의 가치를 창출하게 하는 직업능력교육입니다. 이것은 청운의 꿈을 의미하는 파랑의 색감으로 상징화되는 평생교육체제를 의미합니다.

넷째, 사회구성원이 일터와 일상생활을 넘나들며 각자의 삶을 풍

요롭게 하는 취미와 오락과 문화예술을 경험하고 향유하도록 지원하는 문화예술교육입니다. 이것은 바쁘고 긴장된 일터와 직무에서 벗어나 각자가 향유하고 싶은 오렌지빛 색감의 취미와 소질을 생활화하도록 하는 평생교육체제를 의미합니다.

다섯째, 전 생애 동안 다양한 교양을 쌓고 소양을 개발하며 아름다운 자화상을 만들어가도록 지원하는 인문교양교육입니다. 이것은 인격과 품위를 유지하면서 자신만의 보라빛 인생을 꿈꾸도록 하는 평생교육체제를 의미합니다.

여섯째, 사회 구성원으로서 어엿한 한 시민이 되어 성숙한 열정을 쏟아내는 빨강의 색감으로 상징화되는 사회적 책무성과 공익적 활동을 강조하는 평생교육체제를 의미합니다.

## 2) 교회평생교육 프로그램 영역 분류

### (1) 교회평생교육 프로그램 6대 영역 분류의 필요성

교회평생교육은 영성을 기본으로 교회 공동체 안에서 다양한 분야의 배움을 통해 지역사회 복음 전파의 기회가 될 수 있고 배움의 과정을 통해 성도 간의 교제를 누릴 수 있는 다양한 교육활동을 의미합니다. 교회평생교육은 선교와 전도의 새로운 도구로 활용하여 교회의 영역 안에서 평생교육 운영을 통해 교육과 운영의 과정에서 사람들이 예수 그리스도의 성품을 닮도록 도와주는 것입니다. 따라서 교회평생교육의 특성에 맞도록 교육대상자들의 요구와 다양성,

환경 등을 반영하여 지역사회에 대한 선교적, 교육적 사명을 내포하는 다양한 교육프로그램을 교회에서 효율적으로 기획하기 위해 교회평생교육의 체제를 분류해 볼 필요가 있습니다.

기존의 평생교육 프로그램 6대 영역 분류는 학력보완교육, 성인기초 및 문자해득교육, 직업능력향상교육, 인문교양교육, 문화예술교육, 시민참여교육으로 분류됩니다. 이는 평생교육 프로그램의 다양성과 급속한 발전 가운데 효율적으로 평생교육을 학습자들의 요구와 능력에 맞게 제공하기 위해 분류했으며 한국 사회의 여건과 평생교육법의 평생교육 6대 영역을 근거로 분류되었습니다. 그러나 교회평생교육은 앞서 언급한 바와 같이 영성을 기본으로 하는 전도와 선교의 목적이 중요하기 때문에 교회의 환경과 학습자의 요구에 맞도록 수정된 체제로 분류할 필요가 있습니다.

**(2) 교회평생교육 프로그램 6대 영역 분류의 구성 및 예시**

교회평생교육의 분류는 기존의 평생교육 프로그램 6대 영역 분류에서 교회평생교육의 목적에 맞도록 생활문해교육, 학습활동지원 및 학력보완교육, 직무역량교육, 문화예술교육, 영성·교양교육, 지역사회참여교육으로 재구성하여 분류했습니다.

## [표2-5] 교회평생교육 6대 영역 분류표

| 대분류 | | 중분류 | |
|---|---|---|---|
| 6진 분류표 | 목적 | 18진 분류 | 내용 |
| 01<br>생활문해교육 | 생활에 필요한 다양한 생활기술문해교육과 한국어, 외국어 활용교육을 통해 생활에 어려움이 없도록 하며 나아가 깊이 있는 지식과 기술을 교육 | 생활문해교육 | · 디지털 문해교육, 일상 생활에 필요한 기술교육<br>예) 실버스마트폰교실, 기초컴퓨터활용교실 |
| | | 한국어<br>프로그램 | · 한국인과 다문화인, 새터민 등을 위한 한국어교육<br>예) 다문화 가정을 위한 한국어교실, 새터민학교, 문해반 과정 등 |
| | | 외국어교육 | · 한국인을 대상으로 영어, 일어, 중국어 등 다양한 국가의 언어 활용을 교육<br>예) 생활영어교실, 기초일본어 회화교실, 중국어교실 등 |
| 02<br>학습활동지원<br>및<br>학력보완교육 | 지역민의 선교를 목적으로 학습 활동의 관리, 도움을 제공하며 학력 보완을 위한 교육 | 학습활동자원<br>프로그램 | · 지역 학생들의 방과 후 학습활동을 도와주고 관리함<br>예) 방과후교실 등 |
| | | 학력 보완<br>프로그램 | · 성인 대상 초·중·고 학력 보완 및 인증 규정에 의해 평생교육 시설 및 기관에서 실시하는 교육<br>예) 교회운영 야학교실 |
| | | 대안학교 | · 초·중·고 학력 보완 및 인증 규정에 의해 평생교육 시설 및 기관에서 실시하는 교육 |

| | | 직업준비<br>프로그램 | · 취업 및 창업을 준비하기 위한 프로그램<br>예) 커피 바리스타 창업교실, 장애인 직업학교 등 |
|---|---|---|---|
| 03<br>직무역량교육 | 취·창업을 위한 자격 조건을 준비하면서 자격인증과 직무능력 함양을 위한 교육 | 자격인증<br>프로그램 | · 취업을 위해 해당 분야의 전문 자격증 취득을 목적으로 하는 프로그램 |
| | | 현직직무역량<br>프로그램 | · 해당 분야의 전문 자격증 취득을 목적으로 하는 교육<br>예) 애니어그램 상담코치, 힐링 원예지도사, 교회 꽃 장식지도사, 가족상담전문가 & 노인심리상담사, 감성리더십 전문가 등 |
| 04<br>문화예술교육 | 문화·예술적 상상력과 창의력을 촉진하고 문화·예술행위와 기능을 숙련시켜 일상생활 속에서 문화예술을 향유하고 접목할 수 있는 능력을 개발하는 교육 | 레저생활<br>스포츠<br>프로그램 | · 체력증진 및 여가선용을 위하여 일상생활 속에서 지속적으로 행하는 체육활동 및 전문적 스포츠관련 프로그램<br>예) 필라테스교실, 생활사교댄스 등 |
| | | 생활문화예술<br>프로그램 | · 문화예술을 일상생활에 접목하여 문화생활의 질을 향상시키고, 삶의 문화를 보다 풍성하게 향유할 수 있도록 지원하고 인증하는 프로그램<br>예) 캘리그라피, 홈패션 만들기, 사진 교실, 플로리스트 등 |
| | | 문화예술향상<br>프로그램 | · 문화예술작품 및 행위를 의미있게 체험하며 각자의 문화예술작품을 완성할 수 있도록 체계적으로 지도하는 프로그램<br>예) 꽃그림교실, 풍경스케치, 민화, 유화명화로 배우는 재미있는 미술 등 |

| | | | |
|---|---|---|---|
| 05 영성·교양 교육 | 교양을 갖춘 현대인으로서 전인적인 성품과 다양한 소양을 개발하고, 신체적·정신적 건강을 겸비할 수 있도록 지원하는 평생교육 | 영성교육 | · 기독교 세계관을 기반으로, 다양한 발달 단계의 학습자들과 다양한 형태의 교육을 통합하며 끊임없는 교육을 통해 하나님을 알고 예수 그리스도의 제자로 거듭나기 위한 교육<br>예) 성경1독학교, 새신자교육, 영어바이블공동체 등 |
| | | 건강심성보완 프로그램 | · 현대사회에서 건강한 삶과 생활을 위한 심리적 안정을 체계적으로 지원하고 인증하는 프로그램<br>예) 생활의료교실, 건강세미나, 건강한 식생활 강좌, 상담교실 등 |
| | | 기능적소양 프로그램 | · 일상생활의 적절한 역할수행과 현대인이 갖추어야할 다양한 소양을 실천하도록 지원하고 인증하는 프로그램<br>예) 요리교실, 노인교실, 결혼예비학교, 부모학교, 부부학교, 커뮤니케이션 세미나 등 |
| 06 지역사회 참여교육 | 현대사회의 교인으로서 그리고 사회 구성원으로서 갖추어야 할 자질과 역량을 개발하며, 사회통합 및 공동체형성과 관련하여 구성원의 자발적 참여를 촉진하고 지원하는 교육 | 시민책무성 프로그램 | · 현대시민으로서 갖추어야 할 사회적 책무성을 개발하며 사회통합 및 공동체형성을 촉진 및 지원하고 인증하는 프로그램<br>예) 환경생태교육, 지역관련교육 등 |
| | | 시민리더역량 프로그램 | · 국가 및 지역사회의 공익적 사업을 효과적으로 추진할 수 있는 시민을 발굴·육성하며 그들의 자질과 역량을 개발하고 인증하는 프로그램<br>예) 교회리더양성교육, 교회평생교육리더 양성과정 등 |
| | | 시민참여활동 프로그램 | · 현대사회의 구성원으로서 지역사회의 공익적 사업에 대한 개인적·집단적인 참여를 촉진하며 평생학습 참여기회를 지원하고 인증하는 프로그램<br>예) 지역사회 봉사활동 프로그램, 자원봉사활동 및 교육, 재능기부활동 및 교육 등 |

※ 교회 상황에 맞게 재구성하였음.

| | 01 생활문해교육 | | |
|---|---|---|---|
| 교회평생교육프로그램 6대 영역 분류 | 생활문해교육 | 한국어프로그램 | 외국어교육 |
| | · 생활에 필요한 기술 교육<br><br>예) 실버스마트폰교실, 기초컴퓨터활용교실 등 | · 한국인과 다문화인을 위한 한국어교육<br><br>예) 다문화 가정을 위한 한국어교실, 새터민학교, 문해반 과정 등 | · 다양한 국가의 언어활용교육<br><br>예) 생활영어교실, 기초 일본어회화교실, 중국어교실 등 |
| | 02 학습활동지원 및 학력보완교육 | | |
| | 학습활동자원프로그램 | 학력보완프로그램 | 대안학교 |
| | · 지역 학생들의 방과 후 학습 활동을 도와주고 관리<br><br>예) 방과후교실 | · 성인 대상 초·중·고 학력보완교육<br><br>예) 교회 운영 야학교실 | · 초·중·고 학력보완 및 인증 규정에 의해 평생교육 시설 및 기관에서 실시하는 교육 |
| | 03 직무역량교육 | | |
| | 직업준비프로그램 | 자격인증프로그램 | 현직직무역량프로그램 |
| | · 취업 및 창업을 준비하기 위한 교육<br><br>예) 커피바리스타창업교실, 장애인직업학교 | · 취업을 위해 해당 분야의 전문 자격증 취득을 목적으로 하는 교육 | · 해당 분야의 전문 자격증 취득을 목적으로 하는 교육<br><br>예) 애니어그램상담코치, 교회꽃장식지도사, 가족상담전문가, 노인심리상담사 |

| 교회평생교육프로그램 6대 영역 분류 | 04 문화예술교육 | | |
| --- | --- | --- | --- |
| | 레저생활스포츠프로그램 | 생활문화예술프로그램 | 문화예술향상프로그램 |
| | · 체육활동 및 전문적 스포츠 관련 교육<br><br>예) 필라테스교실, 생활 사교댄스 | · 문화예술을 일상생활 에 접목하여 삶의 문 화를 향유할 수 있도 록 하는 교육<br><br>예) 캘리그라피, 홈패션 만들기, 사진교실, 플로리스트 등 | · 문화예술작품을 완성 할 수 있도록 체계적으 로 지도하는 교육<br><br>예) 꽃그림교실, 풍경스케 치, 민화, 유화명화로 배우는 재미있는 미 술 등 |
| | 05 영성·교양교육 | | |
| | 영성교육 | 건강심성보완프로그램 | 기능적소양프로그램 |
| | · 기독교 세계관을 기반 으로 하나님을 알고 예 수 그리스도의 제자로 거듭나기 위한 교육<br><br>예) 성경1독학교, 새신자 교육, 영어바이블공 동체 등 | · 현대사회에서 건강한 삶과 생활을 위한 심 리적 안정을 체계적 으로 지원하고 인증 하는 교육<br><br>예) 생활의료교실, 건강 세미나, 건강한 식생 활강좌, 상담교실 등 | · 다양한 소양을 실천하 도록 지원하고 인증하 는 교육<br><br>예) 요리교실, 노인교실, 결혼예비학교, 부모 학교, 부부학교, 커뮤 니케이션세미나 등 |
| | 06 지역사회 참여교육 | | |
| | 시민책무성프로그램 | 시민리더역량프로그램 | 시민참여활동프로그램 |
| | · 현대시민으로서 갖추 어야할 사회적 책무성 을 개발하며 사회 통 합 및 공동체 형성을 촉진 및 지원하고 인 증하는 교육<br><br>예) 환경생태교육, 지역 관련교육 등 | · 국가 및 지역사회의 공익적 사업을 효과 적으로 추진할 수 있 는 역량을 개발하고 인증하는 교육<br><br>예) 교회리더양성교육, 교회평생교육리더 양성과정 등 | · 지역사회의 조직 및 공 익적 사업에 대한 개인 적·집단적인 참여를 촉 진하며 평생학습 참여 기회를 지원하고 인증 하는 교육<br><br>예) 지역사회 봉사활동 프로그램, 자원봉사 활동 및 교육, 재능기 부활동 및 교육 등 |

### ① 생활문해교육

■ 목적: 생활에 필요한 다양한 생활기술문해교육과 한국어, 외
국어활용교육을 통해 생활에 어려움이 없도록 하며 나
아가 깊이 있는 지식과 기술을 교육

○ 생활문해교육: 디지털 문해교육(스마트폰활용, 기초컴퓨터교육 등)

예) 실버스마트폰교실, 기초컴퓨터활용교실

○ 한국어 프로그램: 한국인과 다문화인, 새터민 등을 위한 한
국어교육

예) 다문화 가정을 위한 한국어교실, 새터민학교, 문해반 과정 등

○ 외국어교육: 한국인을 대상으로 영어, 일어, 중국어 등 다양
한 국가의 언어 활용을 교육

예) 생활영어교실, 기초일본어회화교실, 중국어교실 등


### ② 학습활동지원 및 학력보완교육

■ 목적: 지역민의 선교를 목적으로 학습 활동의 관리, 도움을
제공하며 학력 보완을 위한 교육을 제공

○ 학습활동지원 프로그램: 지역 학생들의 방과 후 학습 활동을
도와주고 관리 함

예) 방과후교실 등

○ 학력보완 프로그램: 성인 대상 초·중·고 학력 보완 및 인증 규
정에 의해 평생교육 시설 및 기관에서 실
시하는 교육

예) 교회 운영 야학교실–초·중·고 검정고시과정

○ 대안학교: 초·중·고 학력 보완 및 인증 규정에 의해 평생교육

시설 및 기관에서 실시하는 교육

예) 초·중·고 대안학교

③ **직무역량교육**

■ 목적: 취업 및 창업을 위한 자격 조건을 준비하면서 자격인증

과 직무능력 함양을 위한 교육

○ 직업준비 프로그램: 취업 및 창업을 준비하기 위한 프로그램

예) 커피바리스타창업교실, 장애인직업학교 등

○ 자격인증 프로그램: 해당 분야의 전문 자격증 취득을 목적으

로 하는 교육

예) 애니어그램상담코치, 힐링원예지도사, 교회꽃장식지도사,

가족상담전문가 & 노인심리상담사, 감성리더십전문가 등

○ 현직직무역량 프로그램: 현재 수행 중인 직무역량 향상을 위

한 교육

예) 교회직분자교육, 교회교사연수 등

④ **문화예술교육**

■ 목적: 문화 예술적 상상력과 창의력을 촉진하고 문화예술 행

위와 기능을 숙련시키고 일상생활 속에서 문화예술을

향유하고 접목할 수 있는 능력을 개발하는 교육

○ 레저생활스포츠 프로그램: 체력증진 및 여가선용을 위하여 일상생활 속에서 지속적으로 행하는 체육활동 및 전문적 스포츠관련 프로그램

예) 필라테스교실, 생활사교댄스, 즐거운 라인댄스, 밸런스워킹 PT 등

○ 생활문화예술 프로그램: 문화예술을 일상생활에 접목하여 생활문화의 질을 향상시키고, 삶의 문화를 보다 풍성하게 향유할 수 있도록 지원하고 인증하는 프로그램

예) 캘리그라피, 홈패션선물만들기, 북유럽스타일손뜨개, 의상리폼하기, 사진교실, 베이직플로리스트, 생활꽃꽂이, 프랑스자수, 식물과 함께하는 원예활동, 정리수납, 재봉기초 및 베이직소품만들기 등

○ 문화예술향상 프로그램: 문화예술작품 및 행위를 의미있게 체험하며 문화예술작품을 완성할 수 있도록 체계적으로 지도하는 프로그램

예) 꽃그림교실, 풍경스케치-연필, 데생과 수채화, 수채화 분당반, 민화, 유화, 한국민화, 펜드로잉수채화, 데생 & 드로잉, 명화로 배우는 재미있는 미술 등

⑤ 영성·교양교육

■ 목적: 교양을 갖춘 현대인으로서 전인적인 성품과 다양한 소양을 개발하고, 신체적·정신적 건강을 겸비할 수 있도록 지원하는 평생교육

○ 영성교육: 기독교 세계관을 기반으로, 다양한 발달 단계의 학습자들과 다양한 형태의 교육을 통합하며 끊임없는 교육을 통해 하나님을 알고 예수 그리스도의 제자로 거듭나기 위한 교육

예) 성경1독학교, 새신자교육, 영어바이블공동체 등

○ 건강심성 프로그램: 현대사회에서 건강한 삶과 생활을 위한 심리적 안정을 체계적으로 지원하고 인증하는 프로그램

예) 생활의료교실, 건강세미나, 건강한 식생활강좌, 상담교실 등

○ 기능적소양 프로그램: 일상생활의 적절한 역할수행과 현대인이 갖추어야 할 다양한 소양을 실천하도록 지원하고 인증하는 프로그램

예) 요리교실, 노인교실, 결혼예비학교, 부모학교, 부부학교, 커뮤니케이션세미나 등


⑥ 지역사회참여교육

■ 목적: 현대사회의 교인으로서 그리고 사회 구성원으로서 갖추어야할 자질과 역량을 개발하며, 사회통합 및 공동체 형

성과 관련하여 구성원의 자발적 참여를 촉진하고 지원
하는 교육

○ 시민책무성 프로그램: 현대시민으로서 갖추어야 할 사회적 책
무성을 개발하며 사회 통합 및 공동체
형성을 촉진 및 지원하고 인증하는 프
로그램

예) 환경생태교육, 지역관련교육 등

○ 시민리더역량 프로그램: 국가 및 지역사회의 공익적 사업을
효과적으로 추진할 수 있는 시민을
발굴·육성하며 그들의 자질과 역량을
개발하고 인증하는 프로그램

예) 교회리더양성교육, 교회평생교육리더양성과정 등

○ 시민참여활동 프로그램: 현대사회의 구성원으로서 지역사회
조직 및 공익적 사업에 대한 개인적·
집단적인 참여를 촉진하며 평생학습
참여기회를 지원하고 인증하는 프로
그램

예) 지역사회봉사활동 프로그램(노인, 장애인, 미혼모, 다문화, 새
터민 등), 자원봉사활동 및 교육, 재능기부활동 및 교육 등

## 5. 왜 하나요?(Why)

### 1) 전도 패러다임의 변화

교역자나 성도들은 하나님나라의 복음을 전하기 위해 교회 전도지를 나눠주었던 경험이 있을 것입니다. 그러나 직접적인 전도는 점점 어려워지는 상황이며, 특별히 코로나 팬데믹 이후 낯선 사람이 무엇을 주거나 말을 거는 것에 대한 불안감이 생기면서 노방·축호 전도는 더 어려워졌다고 볼 수 있습니다. 지역주민을 만나려면 다양한 접촉점과 수단이 있어야 하는데 교회 공간을 활용한 교회평생교육을 통해 전도하는 패러다임의 변화를 모색해 볼 수 있습니다. 사회에서는 시대의 변화에 따라 패러다임이 전환되고 있으며, 교육 또한 과거에는 교사 중심으로 수업이 이루어졌다면 이제는 학습자 중심으로 변화되었습니다. 지역사회 선교를 위한 전도의 패러다임도 사회의 특성이 변화함에 따라 함께 변화해가야 합니다.

### 2) 지역사회에서의 교회의 역할

교회에 다니지 않는 사람들에게는 교회와 성도에 대한 오해와 편견들이 있습니다. 이런 생각들이 교회 출석에 부정적 영향을 미치고 있는 게 현실입니다.

내가 사는 지역에 '교회'가 있지만 교회는 종교시설이고 그곳은 다니는 사람들만이 가는 곳이라고 생각하여 같은 지역사회에 있음에도 자신과는 동떨어진 장(場)이라 생각합니다. 이런 현실 속에서 교회평생교육은 종교를 초월하여 지역주민들과 함께할 수 있는 기회를 제공하고 더불어 사랑을 실천하는 중요한 역할을 요구받습니다.

많은 교회에서는 교인만이 아닌 지역주민들과 함께하는 바자회도 개최하고, 카페도 운영하고, 음악회와 특강 등을 실시하여 지역민들과 함께하는 교회가 되기 위해 노력하고 있습니다.

또한 일부 교회에서는 교회문화센터, 작은 도서관, 방과후아카데미 등을 운영하며 지역사회에 교육의 기회를 제공함으로 선교하는 새로운 전도의 패러다임을 볼 수 있습니다. 교회평생교육은 교회에서 지역주민들에게 교육의 기회를 제공하는 활동을 통해 비 기독교인들이 교회 안에 들어올 수 있는 기회를 마련해 주는 체계적인 지역사회 선교활동입니다.

### 3) 교회평생교육을 통한 사명 발견

평생교육은 다양한 모습으로 교회에서 활용될 수 있습니다. 성도들의 역량에 따라 어린이도서관, 교사교육, 청소년쉼터, 상담센터, 지역사회공부방, 북카페, 노인대학, 신혼부부교실, 김치아카데미, 이·미용 등의 여러 형태로 전개될 수 있습니다. 교회에 평생교육을 접목한 이러한 시도는 성도들과 지역주민들을 위한 신선한 도전이며 과제가 될 것입니다. 과제가 잘 수행되었을 때는 지역사회의 신뢰를 받을 수 있습니다. 교회의 사명을 선교로 볼 때 교회가 평생교육을 실천하는 것은 교회의 사명을 회복하는 것입니다.

또한 교회가 지역주민들을 섬기는 것을 보여주며 교회와 성도에 대한 이해와 긍정적 인식변화를 추구할 수 있습니다. 지역주민을 위해 실행한 다양한 프로그램은 비록 교육기관이 교회라는 종교적인 특성을 가지고 있지만, 비 기독교인들이 교회를 찾아오는 것에 대한 문턱을 낮출 수 있는 중요한 도구가 될 수 있습니다. 이것이 교회평생교육을 선교의 도구와 방편으로 보는 이유입니다.

삶 속에서 직면하는 많은 문제들을 해결하기 위해 필요한 것 중의 하나가 교육입니다. 삶과 동떨어진 교육은 교육으로서의 의미를 잃은 것입니다. 특별히 교회는 복음을 가르침에 있어 가장 중요한 장(Field)으로서의 역할을 하고 있기에, 그리스도인의 영·육 간의 문제에 대해 깊이 고민하고 그 답을 함께 찾는 데에도 관심을 기울여야 합니다. '급변하는 사회 속에서 성도들에게 하나님의 진리를 어떻게 교육하고, 그들을 어떻게 양육시켜야 할 것인가'라는 질문은 오늘날 매우 중요한 문제입니다.

## 6. 어떻게 하면 되나요?(How)

앞장에서 교회평생교육 운영에 대해 5W(언제, 어디서, 누가, 왜, 무엇을)로 살펴보았습니다. 이번 장에서는 **'어떻게 교회평생교육을 실행할까'** 에 대해 교회평생교육(The Church Lifelong Education) CLE Agape[9]모형

---

9    Agape모형은 분석(Analysis)-적합(Good)-배정(Apportion)-실행(Practice)-평가(Evaluation)단계로 이루어지는 교회평생교육(CLE Agape)모형이다.

으로 살펴보고자 합니다.

교수학습모형은 교수학습에 관한 이론을 기반으로, 교수학습의 효과를 높이기 위한 학습전략이나 교수전략 등을 통합하여 정형화한 수업과정이나 절차를 의미합니다. 여기에서 CLE Agape 모형은 효과적으로 교회평생교육을 운영하기 위한 절차를 의미합니다.

**[표2-6] CLE-Agape 모형**

| 1. 분석(A) | 2. 적합(G) | 3. 배정(A) |
|---|---|---|
| 상황분석<br>· 교회 여건<br>· 지역사회 상황 | 적합한 프로그램<br>· 교회자체(개발)<br>· 교인, 지역사회(공모)<br>· 전문가위탁(초기단계) | 인적, 물적, 금전적<br>· 강사, 운영진<br>· 장소, 매체<br>· 예산 |

| 4. 실행(P) | 5. 평가(E) |
|---|---|
| 프로그램 운영<br>· 교회 운영<br>· 장소 제공<br>· 실행 체크 리스트 | 목적, 만족도 평가<br>· 운영 목적<br>· 참가자 만족도<br>· 운영관계자 자체평가 |

**1) 분석(Analysis)**

교육과정을 설계할 때 제일 처음 하는 것은 분석입니다. 분석을 통해 교회평생교육의 운영과 관련된 교회의 여건과 지역사회 상황을 분석해 보는 것입니다.

## (1) 교회상황분석

각 교회의 규모와 상황에 따라 교육을 운영할 여건은 모두 다릅니다. 따라서 **교회상황분석**이란 교회평생교육을 운영하는 데 있어 교회가 가지고 있는 여건의 **강점**(Strength)과 **약점**(Weakness)을 분석하는 것입니다.

예를 들면 교회 농장이 있는 교회라면 방학이나 주말을 활용하여 농장체험 프로그램을 운영할 수 있고, 성악이나 악기를 연주할 수 있는 공간이 있다면 음악 프로그램을 진행할 수 있는 물리적(장소) 강점이 있는 것입니다.

또한 교회 내 인적자원을 파악하여 보는 것입니다. 우리교회 성도 가운데 음식, 어학, 미술이나 음악 등의 달란트가 있는 성도, 교육에 대한 열정이 있는 교회 분위기, 교회평생교육의 운영을 행정적으로 지원할 수 있는지 등을 파악하여 보는 것입니다. 직원이나 성도 등 인적자원을 구하기 어려운 교회도 있고 어렵지 않은 교회도 있을 것입니다. 즉, 교회평생교육을 운영하는 데 있어 교회 상황에 따른 우리교회의 여건을 파악해 보는 것입니다.


## (2) 지역사회분석

지역사회의 특성은 대도시, 중소도시, 농어촌에 따라 다릅니다. 지역 특성에 따라 선호하는 교육 프로그램 또한 다름으로 이를 고려한 실행이 필요합니다. 아래의 표에 있는 내용은 예시로 제시한 것입니다. 교회 상황에 따라 접근은 다를 수 있습니다.

## [표2-7] 교회평생교육 상황분석 예시

| 영역 | 세부요소 | 강점(S) | 약점(W) | 적용방안 |
|---|---|---|---|---|
| 인적 자원 | 성도, 교역자, 직원 | · 성도들이 교육에 대한 열정이 높음<br>· 달란트가 있는 성도들의 수가 많음 | · 교회평생교육 교수자 확보의 어려움<br>· 강사를 외부에서 초청하는 것에 대한 인식이 높음<br>· 소수의 교역자 및 직원으로 운영인력 확보의 어려움 | · 희망 성도들에게 교수자 훈련을 통해 강사를 양성<br>· 부서에서 순서를 정해 봉사 인력을 지원 |
| 물적 자원 | 강의실, 교육 기자재 | · 교회 내 다목적 공간이 다수<br>· 교회에서 운영하는 농장과 카페, 도서관 등이 있음 | · 교회공간을 개방하는 것에 대한 교회 중직자들의 부정적 인식 | · 교회평생교육의 필요성을 부각시켜 교회평생교육 운영에 대한 인식을 긍정적으로 전환<br>· 온라인수업 프로그램 개발 |
| 프로 그램 | 프로그램 개발·운영, 교육기법, 운영기법, 정보망 | · 교회교육 프로그램 개발 경험이 있음<br>· 프로그램 운영업무 분장이 가능 | · 교회관련 프로그램 개발과 운영경험은 많으나 교회평생교육 프로그램은 처음이라 교회평생교육 프로그램 개발에 대한 어려움<br>· 코로나 이후 비대면 예배의 교인 증가 | · 성도를 통한 자체 내 개발<br>· 지역사회를 통한 프로그램 공모<br>· 교회평생교육 전문 연구소나 전문가에게 위탁운영 |
| 지역 사회 | 지역사회 특성·위치, 거주세대 지역민 특성의 유사점 | · 자녀의 교육에 대한 관심이 높음<br>· 노령화되고 있는 환경변화에 대한 지역사회의 관심증가 | · 지역사회 내 평생교육 시설이 다수<br>· 종교시설로서의 한정된 인식<br>· 교회중직자들이 평생교육시설의 법적 마련에 대한 인식 부재 | · 지역주민이 요구하는 프로그램 개발로 인식의 전환<br>· 교회 내 평생교육사 또는 프로그램 운영 관리자를 통해 지역사회 주민과 소통할 수 있는 장치(창구)를 마련 |

## 2) 적합(Good)

적합단계에서는 상황분석을 토대로 교회에 적합한 교회평생교육 프로그램의 방향을 설정하고 프로그램을 준비(마련)하는 것입니다. 이를 위해서는 지역사회 수요조사를 통해 교회에서 직접 프로그램을 개발하는 방법, 교회 성도나 지역사회 공모를 통해 프로그램을 준비(마련)하는 방법, 전문가에게 프로그램을 위탁하는 방법 등이 있습니다.

### (1) 수요조사를 통한 교육 프로그램 개발

교회 여건이나 상황에 따른 적합한 프로그램을 교회에서 개발합니다. 이를 위해서는 교회 성도나 교회 관계자, 지역사회 주민의 수요조사를 통해 프로그램을 개발하는 것이 중요합니다.

[표2-8] 교회평생교육 프로그램 요구조사(안)

| 수요조사 순서 | 내용 |
|---|---|
| 1. 요구조사 대상 선정 | · 교인 대상<br>· 지역사회주민<br>· 교회교육 관계자(교역자, 교육담당자, 운영자 등) |
| 2. 요구조사 기법 결정 | 설문조사, FGI(Focus Group Interview) 등 |
| 3. 요구조사 절차 결정 | 예) 문헌분석 → 설문조사 → FGI 조사 |
| 4. 요구조사 결과<br>분석 및 정리 | 예) 대상자에 따른 결과 분석 및 정리<br>교회평생교육 관계자(교역자, 담당자, 평생교육사)<br>결과 분석 및 정리 |

## (2) 성도 및 지역사회 주민의 프로그램 제안 공모

### ① 교회성도를 통한 프로그램 제안

(a) 교회성도 가운데는 현재 다른 곳에서 강의를 하고 있는 성도나 교육 프로그램(안)을 가지고 있는 성도가 있을 수 있습니다. 이들에게 교회평생교육 프로그램 제안 공모를 해보는 것입니다.

(b) 방법: 교회 소식지, 홈페이지, SNS, 주보를 통해 공모 안내

### ② 주민을 통한 프로그램 제안

(a) 지역사회 주민에게 교회 프로그램의 공모를 제안하는 기회를 주게 되면 교회를 다니지 않는 지역사회 주민도 교회가 낯설지 않은 곳으로, 예배드리는 사람만 가는 곳이 아닌 지역사회와 함께하는 곳이라는 인식을 가져올 수 있습니다.

(b) 방법: 지역사회 소식지, 포스터, 홈페이지, SNS, 교회 주보를 통해 공모 안내

공모를 통한 프로그램 제안은 교회 성도에게는 교회평생교육에 대한 관심을 일으키고, 지역사회 주민에게는 교회와 교회평생교육에 대한 관심을 확장시킬 수 있습니다. 교회 교육부나 선교예산 상황에 따라 공모전에 따른 상품(상금)을 정하여 운영하면 됩니다.

## (3) 교회평생교육 전문가에게 위탁

교회평생교육을 처음 도입하는 교회라 프로그램 마련이나 운영에 어려움이 있다면 시작 초기에는 전문가에게 위탁하여 운영하고 교회평생교육이 안정되면 이후 교회에서 직접 교육과정(프로그램)을 마련하고 운영하는 방법도 있습니다.

**[표2-9] 교회평생교육 프로그램 기획 유형 예시**

| 구분 | 내용 | |
|---|---|---|
| 프로그램 | · 프로그램 영역<br>· 프로그램 참여 대상자 | |
| 프로그램<br>필요성 | 교회적 요구 | 본 프로그램 운영에 대한 교회의 필요성 |
| | 사회적 요구 | 사회적으로 필요한 프로그램인가? |
| | 지역사회 요구 | 지역사회에 필요한 프로그램인가? |
| 프로그램<br>기획 유형 | 수요조사를 통한 개발 | 교회성도나 지역민에게 수요조사를 통해 교회에서 개발 |
| | 교회성도/지역주민<br>제안(공모) | 교회성도나 지역민이 제안하여 운영되는 프로그램 |
| | 위탁을 통한 마련 | 교회평생교육 전문기관이나 전문가에게 위탁하여 준비 |

### 3) 배정(apportion)

배정(apportion)단계에서는 확정된 프로그램을 토대로 인적자원인 강사, 운영진을 배정하고 장소와 금전적 자원(예산)을 세우는 것을 의미합니다.

**(1) 인적자원(강사, 운영진)**

① 강사 및 운영진은 세례교인으로 선정하는 것이 좋습니다.

교회평생교육은 세상의 평생교육과는 다른 '복음 전파와 영적 성장'이라는 목적이 있습니다. 다양한 배움 활동을 통해 하나님을 알아가는 것이 교회평생교육의 목적이기 때문에 반드시 강사와 운영진은 세례교인이 진행하는 것이 필요합니다.

② 학습자(참여자)들이 받아들이기 쉬운 강사, 교인이나 지역사회에서의 정서적 평가나 태도 등 내면적 요소를 간과해서는 안 됩니다.

③ 전체의 흐름 속에서 기독교인의 분위기를 갖고 있는 사람이 중요합니다.

④ 강사 후보자는 복수로 해두고, 빨리 접촉하여 본인의 승낙을 얻을 필요가 있습니다.

⑤ 교회 내 성도가 강사일 경우는 전문 강사가 아니기 때문에 충분한 준비 기간을 가질 수 있도록 배려할 필요가 있습니다.

⑥ 외부 강사의 경우에도 일반적으로 본인의 스케줄이 있기 때문에 희망하는 시기를 확보하기 위해서는 가능한 한 빨리 섭외할 필요가 있습니다.

⑦ 교회 성도의 달란트 활용

그 분야에 달란트를 가진 교회 성도가 강사로 활동을 하게 되면 그 성도의 지식, 재능, 기술을 서로 나누고 배우는 과정에서 자연스러운 성도의 교제와 공동체가 형성이 됩니다. 이 공동체는 자연스럽게 학습동아리로 구축될 수 있으며, 지역사회에 복음 전파의 역할을 할 수 있습니다.

⑧ 교회 내에서 강사를 세우기 어려운 상황일 경우, 교회평생교육 강사풀을 확보하고 파견할 수 있는 교회평생교육연구소에 지원 요청을 하거나 교회에서 직접 외부 강사를 섭외할 수 있습니다.

## (2) 장소

수업 장소는 참여자의 규모에 따라 소집단인지 대집단인지, 수업 형태가 설명으로 하는 강의식 수업인지 참여식 수업인지 등 수업 방법과 악기나 컴퓨터 등 다른 매체가 필요한 교육인지를 파악하여 수업 장소를 정합니다.

## (3) 금전적 자원

개발된 프로그램 운영을 위해서 예산은 교회의 어느 부서에서 지원받을 것인지, 수강료로 충당할 것인지 재료비가 있는 프로그램이라면 재료비는 학습자가 부담하고 그 외 비용은 교회에서 지원할 것인지 등을 구체적으로 세우는 것입니다.

⊙ 잠깐 들어볼까요?

Q: 교회를 평생교육시설로 등록하여 지역사회와 소통하고 사회봉사도 하고 싶은데, 평생교육시설 등록은 어떻게 하나요?

A: 평생교육시설이란 평생교육을 실시하는 기관을 말합니다. 평생교육법 제2조에서 평생교육을 '학교의 정규과정을 제외한 학력보완, 인문교양, 시민참여교육 등 모든 형태의 조직적 교육활동'이라고 정의하고 있습니다. 이러한 평생교육시설은 일정한 특정요건을 갖추어야 신청이 가능합니다. 평생교육시설의 유형은 학교부설, 학교형태, 사내대학형태, 원격교육형태, 원격대학형태, 사업장부설시설, 언론기관부설, 시민사회단체부설, 지식인력개발관련 평생교육원 등이 있습니다. 평생교육원의 유형 중 일반인이 상대적으로 쉽게 설립할 수 있는 유형은 원격교육형태와 사업장부설시설, 시민사회단체부설, 언론기관부설 정도라고 할 수 있습니다. 평생교육시설(원) 운영은 부가세 면제 교육사업으로 언론기관부설 평생교육원에 등록하려면 먼저 언론기관 등록을 해야 합니다. 언론기관은 조간, 석간 등 신문사, 방송국 등 방송활동을 하는 기관, 월간 잡지와 같은 정기 간행물을 발행하는 기관 등을 말합니다. 인터넷신문사는 관할 지자체에 등록 절차를 통해 등록 후 등록증이 발급되면 언론기관 부설 평생교육원 설립에 대한 업무를 진행할 수 있습니다. 언론기관 등록에 필수적인 사항과 등록 구비서류 등을 체크하여 진행할 수 있습니다. 평생교육시설 설치 신고서류는 간단한 편이지만 평생교육시설 운영규칙이 잘 만들어져야 승인을 받을 수 있습니다.

**Q: 교회에서 평생교육시설을 등록하지 않고 일반인을 대상으로 다양한 관계 전도 프로그램과 양육프로그램 등을 운영하고 싶은데 가능할까요?**

A: 교회에서 성인을 대상으로 프로그램을 운영할 때 무상교육으로 운영하거나, 유료일 경우 등록 인원이 9인 이하인 경우는 프로그램 운영이 가능합니다. 단, 교육내용이 비교과이고 교육대상이 성인이어야 합니다. 더 자세한 사항은 관할 교육지원청에 문의하시면 됩니다.

**Q: 교회에서 문화적 소외계층을 지원하기 위한 바우처 상담센터 역할을 하고 싶은데 방법이 있을까요?**

A: 평생교육이용권(바우처)이란 학습자가 본인의 학습 요구에 따라 자율적으로 학습활동을 결정하고 참여할 수 있도록 정부가 제공하는 평생교육 이용권입니다. 지원금액은 1인당 35만원으로 평생교육바우처 등록기관으로 등록된 기간의 수강료, 해당강좌의 교재비, 재료비 등으로 사용할 수 있습니다.

평생교육바우처 사용기관이란 학습자가 평생교육바우처 카드를 사용하여 수강료를 결재할 수 있도록 등록된 사용기관으로 평생교육바우처 사용기관 등록은 홈페이지를 통해서 별도 공지되며 홈페이지 내에서 온라인 신청을 하면 됩니다.

※ 1600−3005(평생교육바우처 상담센터) 또는 lllcard@nile.or.kr

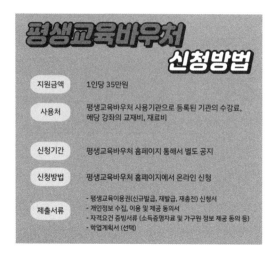

**4) 실행(Practice)**

프로그램 실행 단계는 교육 프로그램이 운영되는 단계입니다.

### (1) 교회에서 직접 운영

교회 상황에 적합한 프로그램을 직접 운영을 하는 것을 의미합니다.(3부 사례 1 참조)

### (2) 장소만 제공

교회가 소재한 지역인 시, 군, 구와 같이 협업하여 지역사회 주민에게 교회평생교육을 실행하는 것을 의미합니다. 예를 들면 구청에서 운영하는 프로그램의 장소를 교회가 제공하는 것입니다. 이것은 지자체가 기획부터 운영까지 모든 것을 하고 교회는 장소만 제공합니다. 하지만 지역사회 홍보에는 교회이름도 같이 안내되어 자연스럽게 지역민에게 교회를 알리는 계기와 교회에 와 볼 수 있는 기회를 만드는 것입니다.

예) 서리풀축제: 서울 서초구청에서 기획하고 백석대학교회가 장소를 제공한 사례입니다.

### (3) 운영방법

프로그램은 운영 방법에 따라 다를 수 있습니다. 온라인, 오프라인, 온 오프라인 등 다양합니다. 교회평생교육의 목적은 지역사회 주민들이 교회에 자연스럽게 발을 들여놓게 하는 것이 목적이기 때문에 전면 비대면 보다는 블랜디드 러닝의 교육 방법(대면/비대면)을 권장합니다. 코로나19 이후 비대면 교육 선호와 프로그램에 따른 비대면 교육이 가능해졌기에 이 가운데 교회가 플랫폼의 역할을 하는 것입니다. 즉, 교회가 운영이 어려운 자격증 교육 등에 대해서는 온라인 교육을 실시하는 기관에 연계해 주는 것입니다(3부 사례-온라인교육 사례 참조)

**(4) 실행에 필요한 모집, 체크 리스트**

여기에서는 실제 교회평생교육 운영에서 중요한 모집과 프로그램 운영에 대한 체크 리스트를 안내합니다.

**① 교회평생교육 홍보**

(a) 교회 내 홍보

: 교회 홈페이지, 주보, 소셜 미디어(블로그, 페이스북, 인스타그램 등), 교회평생교육 유튜브(youtube) 채널 운영을 통한 홍보

(b) 지역사회 홍보

: 지역사회 소식지, 지역신문, 포스터, 현수막, 교회 홈페이지, 지역에서 운영하는 소셜 미디어(블로그, 페이스북, 인스타그램 등) 및 유튜브(youtube) 채널 운영을 통한 홍보

(c) 홍보 기간

: 홍보 기간은 정해져 있지 않으나 일반적으로 운영할 프로그램의 개설 3개월 전부터 홍보하는 것이 효과적입니다(3개월간).

(d) 효과적 홍보를 위한 지침

: 홍보를 위해서는 다음의 지침을 고려하는 것이 중요합니다.

### [표2-10] 교회평생교육 프로그램 홍보지침 예시

| 연번 | 내 용 |
|---|---|
| 1 | 지역사회 주민과 여러 가지 방법으로 의사소통할 때(문서 또는 대화)는 항상 프로그램의 장점을 강조하라 |
| 2 | 프로그램 홍보에 도움받을 수 있는 지역사회 주민을 포함한 자문위원회를 구성하고 이를 이용하라 |
| 3 | 최근 프로그램을 소개하는 브로셔에는 향후 시작될 프로그램도 함께 광고하라 |
| 4 | 프로그램 신청양식이나 안내지에 향후 시작될 프로그램에 대한 홍보도 포함하라 |
| 5 | 새로운 프로그램을 개발하기 위하여 기존 프로그램의 모든 점들을 들추어내라 |
| 6 | 교회와 프로그램의 이미지에 적합한 프로그램의 카피를 선정하라 |
| 7 | 홍보 매체에 이전 프로그램 참가자들의 소감을 포함하라 |

【 홍보구성 지침 】

① 정확하고 명확한 내용 전달

② 최소한의 내용만을 전달

③ 쉬운 표현 사용

④ 친숙한 내용으로 구성

② 실행단계 체크 리스트

(a) 교회평생교육 프로그램의 효율적인 프로그램 실행을 위해서 운영관계자는 본 프로그램에 적합한 환경을 조성하고 교육 진행에 관한 사항들을 확인하면서 실행에 임해야 합니다.

(b) 교육 프로그램에 실제 참여하는 교회 성도나 지역주민이 프로그램을 수료할 때까지 잘 참여할 수 있도록 관리하는 것이 중요합니다.

(c) 프로그램이 본격적으로 진행되기 위해서는 모집, 강사 섭외, 장소 선정 등 사전에 준비해야 할 일들이 있습니다. 교육 운영 전일, 교육 운영 당일, 교육 종료 후에도 실행해야 할 사항들이 많으니 체크 리스트를 통해 점검하길 권장합니다.

[표2-11] 교육 전 체크 리스트

| 항목 | 점검 내용 | 기한 |
|---|---|---|
| 기획 및 계획 | 1. 사업 계획수립 및 계획서 작성<br>2. 강사 섭외<br>3. 강의 장소 점검 및 선정 | D-60 |
| 참여자 모집/관리 | 1. 신청자 접수<br>2. 참여자 확정 및 통보<br>3. 참여자 개강 안내 | D-30<br>D-1<br>D-10 |
| 강사 관리 | 1. 강사 섭외 및 강의 의뢰서 발송<br>2. 강의 원고 요청 및 요구사항 확인 | D-30<br>D-20 |

| | | |
|---|---|---|
| 인쇄물 제작 | 1. 교재 및 기타 인쇄자료 제작 | D-7 |
| | 2. 명찰 제작 | D-1 |
| 강의장 시설점검 | 1. 교육기자재 점검 | D-3 |
| | 2. 문구류 및 의약품 구비 | D-3 |
| | 3. 교육장 테이블 세팅 | D-1 |
| | 4. 수업준비물 세팅 | D-1 |
| | 5. 교육매체(빔프로젝트, 노트북 등) 점검 및 확인 | D-1 |
| | 6. 기타: 플랭카드, 다과비, 간담회비 등 | D-3 |

## [표2-12] 교육 당일 체크 리스트

| 항목 | 점검 내용 | 기한 |
|---|---|---|
| 교육장 및 참여자 관리 | 1. 교육장비 점검 | |
| | 2. 교육장 내 일정표 부착 여부 | |
| | 3. 학습준비물 상태 점검 | |
| | 4. 출결 체크 및 결석자 확인 | |
| 오리엔테이션 | 1. 과정개설의 목적 및 목표 설명 | D-day |
| | 2. 교육일정 소개 | |
| | 3. 질의 & 응답 | |
| 기타 | 1. 특이사항 체크 | |
| | 2. 평가 | |

**[표2-13] 교육 종료 후 체크 리스트**

| 항목 | 점검 내용 | 기한 |
|---|---|---|
| 수료식 | 1. 수료자 확정 및 수료증 제작 | D-1 |
| | 2. 수료식 참석자 확인 | D-1 |
| | 3. 수료식 진행 | D-day |
| 교육과정 | 1. 교육과정 요약 | D-day |
| | 2. 향후 프로그램 안내 | D-day |
| | 3. 교육과정 만족도 설문지 작성 | D-day |
| | 4. 교회 학습동아리 조직구성 및 활동 독려 | D-day |
| 평가 | 1. 설문지 분석(문제점 및 개선사항) | D+3 |
| | 2. 자체평가회의 | D+3 |
| 결과보고 | 1. 정산 및 결과보고서 작성 | D+10 |
| | 2. 정산서 및 결과보고서 제출 | D+15 |

## 5) 평가(Evaluation)

평가단계에서는 교회에서 교회평생교육을 운영한 목적에 대해 점검하고 성찰하는 것을 의미합니다. 교회평생교육 운영의 목적은 지역사회에서의 교회의 역할을 통한 긍정적인 교회 이미지 확립과 이를 통한 전도(선교)입니다. 따라서 보다 섬세하고 꼼꼼한 점검이 필요합니다.

## (1) 운영목적에 대한 평가(점검)

### ① 전도
- ○ 프로그램 참여자 중 교회 등록자 수
- ○ 등록은 하지 않았으나 교회 예배에 참석한 수
- ○ 교회 예배나 교회에 관하여 상담한 상담자 수

**[표2-14] 교회평생교육 전도 목적 평가표 예시**

| 구분 | 시기 | 방법 | 비고 |
|---|---|---|---|
| 교회 등록 | 프로그램 종강 후 분기별 | 교회 등록 카드 | 수강생 중 교회등록 |
| 교회 예배 참석 | 프로그램 개강 – 수시 | 관찰, 방법 | 등록은 하지 않았으나 교회 예배 참석 |
| 교회 관련 상담 | 프로그램 개강 – 수시 | 관찰, 상담 | 예배나 교회에 관하여 상담, 질문 |

### ② 배움을 통한 성도의 영적 성장

**[표2-15] 교회평생교육 영적 성장과 회복 목적 평가표 예시**

| 구분 | 시기 | 방법 | 비고 |
|---|---|---|---|
| 영적성장 | 분기별 | 성찰 양식지에 작성 | 배움을 통한 성찰 |
| 회복 | 분기별 | 예배 시간, 소모임에서 간증 교회 학습동아리 참석 | · 성찰을 통한 간증 · 교회 학습동아리 |
| 봉사활동 | 수시 | 봉사활동 | 교회와 지역사회 봉사활동 |

※ 교회 학습동아리는 강사가 학습동아리 리더가 되어 교육 후에도 수시로 학습하고 지역사회 봉사 및 선교활동을 하는 것입니다.

③ 성도의 달란트 발견 및 소명적 삶 실천

   ○ 강사 양성 과정 참석자 수

   ○ 강사 양성 과정을 통해 실제 강의 활동에 참여하는 성도 수

**[표2-16] 교회평생교육 성도의 달란트 발견 목적 평가표 예시**

| 구 분 | 시기 | 방법 | 비고 |
|---|---|---|---|
| 성도의 달란트 발견 | 분기별 | 강사 활동 참여 희망신청서 | 달란트가 있는 성도가 교회 강사로 활동하고자 하는 의사 표현 |
| 강사 활동 준비 | 수시 | 강사 양성 과정 출석부 | 달란트가 있는 성도가 교회 강사 양성 과정에 참석 |
| 강사 활동 | 분기별 | 출강의뢰서 | 달란트가 있는 성도가 교회평생교육 강사 활동으로 소명적 삶 실천 |

**(2) 프로그램에 대한 평가**

최적의 교회평생교육 프로그램을 진행하기 위해서는 이전 과정에 대한 평가를 통한 피드백 내용을 정확히 알고, 차기에 진행할 과정에 반영하여 수정이 필요한 사항은 보다 효과적인 방법으로 개선하고 미흡한 부분은 차후에 부족하지 않도록 보다 충실하게 보완하는 것이 중요합니다.

## 【 평가 항목 및 피드백 Point 】

■ 프로그램 참여
  ① 프로그램 등록자 수
    ○ **평가 항목**: 각 프로그램 특성을 반영한 정원 대비 등록자 수
    ○ **피드백 Point**: 모집정원 수 변동 여부 등
  ② 등록자 수와 참여자 수 비교
    ○ **평가 항목**: 등록자 수와 실제 과정이 시작된 이후 참여자 수의 비교
    ○ **피드백 Point**: 등록 희망 후 참석 여부 절차 확인, 불참 사유의 특이사항 점검, 등록 마감 후 대기자 명단 관리 등
  ③ 이수자 수
    ○ **평가 항목**: 미이수자 다수 발생 여부
    ○ **피드백 Point**: 원인 파악에 따른 차기 프로그램 반영 여부 결정

**Q: 교회평생교육 프로그램에 참여한 학습자들에게 만족도 조사를 하려면 대체 무엇을 물어봐야 하는지 잘 모르겠어요.**

**A:** 만족도 평가에 대해 들어본 적 있으신가요? 아직 이 용어가 낯설게 느껴지는 분들도 있겠지만, 사실 우리는 일상생활에서 알게 모르게 늘 무언가에 대한 만족도 평가를 하고 있습니다. 오픈마켓에서 물건을 구매한 뒤 배송 만족도 평가를 하는 것, 배달 음식을 주문해 먹은 뒤 별점과 후기를 남기거나 소셜 미디어에서 특정 콘텐츠에 '좋아요'를 누르는 것 등 모두 만족도 평가의 한 방식입니다.

## (3) 프로그램 만족도 평가

### ① 고객 경험 시대, 선택이 아닌 필수가 된 만족도 조사
교회평생교육이 만족도 평가를 받아야 할 이유는 먼저 학습자가 느끼는 프로그램의 단점과 결점을 보완해 더 나은 프로그램을 만들기 위해서이고, 더 많은 지역의 학습자들이 우리교회의 프로그램에 참여하도록 만들기 위한 힌트를 얻기 위해서라고 할 수 있습니다.

### ② 만족도 평가 구성요소 3가지
첫째, **교육과정의 전반**에 관한 질문입니다. 교육내용에 대한 만족은 어떠셨는지, 배우고자 하는 목표와 일치했는지, 질적 수준은 어떠했는지 등의 내용으로 질문을 구성합니다.

둘째, **교육을 실시한 강사**에 관한 질문입니다. 강사의 강의가 만족스러웠는지, 현실적으로 필요한 내용을 알려주었는지, 수업내용을 쉽게 설명했는지, 강의 준비는 잘 되었는지 등의 내용으로 질문을 구성하면 됩니다.

셋째, **과정 운영에 대해** 어떻게 느꼈는지에 관한 질문입니다. 강의 시설은 만족했는지, 과정 운영이 원활했는지, 기대치에 비해 실제는 어떻게 느꼈는지 질문을 구성하고 맨 마지막에 과정에 대한 건의 사항을 자유롭게 기술하도록 질문을 구성하는 것이 좋습니다.

**Q: '운영관계자 자체평가'라는 말이 약간 생소한데요, 하면 좋을 것 같지만 우리교회는 운영자도 몇 명 안 되는데 이걸 꼭 해야 하나요?**

**A:** 운영관계자 자체평가는 프로그램의 과정 평가를 위해 운영관계자들이 스스로 잘한 점과 부족한 점을 체계적으로 접근하여 분석하고 기술하며 가치를 부여하는 등의 평가활동을 말합니다.

## (4) 운영관계자 자체평가

### ① 과정운영자가 제일 잘 알고 있다!

프로그램을 개발하고 준비, 운영하는 과정을 거치면서 효율적으로 진행되었는가, 잘 운영되었는가, 부족하거나 아쉬웠던 점은 무엇인가, 앞으로 보완할 점은 무엇인가 등에 대해서는 누구보다도 운영관계자들이 가장 잘 알고 있습니다. 따라서 객관적인 평가 기준을 설정하고 그에 비추어 자체적으로 평가를 실시하는 것이 가장 중요한 평가라고 할 수 있습니다.

### 【 운영관계자 평가 항목 및 피드백 Point 】

① 요구의 진단
- ○ **평가 항목**: 교육과정이 학습자, 지역사회, 교회의 요구에 부응했는가?
- ○ **피드백 Point**: 과정 개발 시 추진 방향과 잘 부합되었는지 점검

② 사전 준비
- ○ **평가 항목**: 사전 준비 사항과 전달체계에는 문제가 없었는가?
- ○ **피드백 Point**: 예상 사전 준비 사항과 실전의 차이 분석, 전달체계의 효율적 조정

③ 교육내용, 운영시간 계획
- ○ **평가 항목**: 운영시간, 시기, 교재, 자료, 편성 인원수 점검
- ○ **피드백 Point**: 평가 항목에서 제시되는 문제는 관계자들의 협의를 통해 조정

④ 시설 및 기자재
   ○ **평가 항목**: 강의실, 시설, 기자재의 적절성 점검
   ○ **피드백 Point**: 실습과 이론에 따른 강의실 배정, 기자재의 부
      족이나 고장 등
⑤ 교수학습 방법
   ○ **평가 항목**: 교육내용, 강사의 교수법, 매체 활용
      (평가자: 강사, 보조강사)
   ○ **피드백 Point**: 교육내용, 교수법, 매체를 학습자가 어려워하거
      나, 재미나 흥미 등 효과가 떨어진다고 분석되
      면 수정·보완함
⑥ 참여도
   ○ **평가 항목**: 상호작용, 강사의 만족도, 학습자의 만족도 및 성
      취도 점검
   ○ **피드백 Point**: 참여도 평가는 과정의 전체적인 효과이며 만족
      도가 비교적 낮게 평가된다면 추가 교수역량 강
      화 교육 등 필요
⑦ 학습자 향상도
   ○ **평가 항목**: 학습자의 이해와 지식 증가 점검(평가자: 강사, 보
      조강사)
   ○ **피드백 Point**: 참여 성과에 해당하는 평가 항목으로 수업을
      함께 진행한 운영자의 평가가 중요함
⑧ 건의 사항에 기록된 내용은 과정별로 수집하여 전체 공유하고
   반영함

※ 위의 사항을 참조하여 교회의 여건과 상황에 맞는 내용으로 구
   성하면 됩니다.

자체평가를 수행하는 운영관계자는 교회평생교육 프로그램을 개발하고 계획 및 준비에 참여한 사람들로, 모두가 빠짐없이 참여하는 것이 바람직합니다. 그리고 과정 진행을 위해 도움을 주신 진행자분들이나 안내를 해주신 협력자들도 평가가 가능한 부분으로 참여하게 하여 자료를 수집하면 보다 세밀한 평가 결과를 얻을 수 있을 것입니다. 평가는 대부분 정량평가로 이루어지는 것이 좋겠지만 정성평가도 반드시 함께 진행하고 응답 중 자주 거론되는 내용은 따로 리스트를 만들어 순위가 높은 항목부터 우선 수정·보완 사항으로 분류하면 보다 빠른 대응책이 마련될 것입니다.

지금까지 살펴본 참여도 평가, 만족도 평가, 운영관계자 자체평가를 모두 종합한 전체결과는 보고서로 정리하여 주관 기관인 교회에 정식 보고하여, 교회가 운영하는 평생교육 프로그램의 확장에 지속적인 관심을 요청할 수 있는 소중한 자료가 될 수 있도록 하는 것이 바람직합니다. 또한 지역사회를 위해 헌신하는 참여 성도들에게도 공유하여 교회와 성도가 함께 성장하고 지역주민을 위한 교육 선교의 소명을 잘 감당하도록 도울 수 있는 공유 자료로 활용할 수 있습니다.

| | 지역사회 선교를 위한 교회평생교육 |
|---|---|
| 교회평생교육에<br>대한<br>이해와 관심 | ■ 교역자, 중직자의 교회평생교육에 대한 이해<br>　- 교회평생교육의 개념과 필요성에 대한 요약본 공유<br>■ 교회평생교육 운영을 통한 지역사회 선교사례 공유<br>■ 이해와 공유를 통한 교회평생교육 중요성 인식<br>**→ 교회평생교육 준비 위원회(관계자) 구성** |
| 교회여건<br>및<br>지역사회분석 | ■ 교회여건분석<br>　- 성도들의 달란트(재능) 및 평생학습 참여 욕구도 파악<br>　- 인적자원(운영진), 물적자원(운영장소, 비품 등)<br>■ 지역사회분석<br>　- 지역사회 특성(대도시, 중소도시, 농어촌)<br>　- 지역민의 일반적 특성(연령, 주거환경, 관심선호도 등)<br>　- 지역민의 배움에 대한 욕구도 |
| 목적에 적합한<br>프로그램<br>선정과 운영 | ■ 교회에서 직접 프로그램 개발<br>　- 사회, 패러다임 분석(사회적 필요도) → 설문조사(교인)<br>　　→ 인터뷰(지역민, 현재 운영하고 있는 교회 관계자) →<br>　　결과 분석 및 정리<br>　※ 평생교육사 자격증 소지자 또는 교육학 전공 성도 참여<br>■ 성도 및 지역주민을 통한 프로그램 제안 공모<br>　- 제안양식(목적, 교회 및 지역사회 상황에 따른 양식지)<br>　- 교육관계자를 통해 적합한 프로그램 선정<br>■ 교회평생교육 전문가에 위탁 및 컨설팅<br>　- 초기 단계만 전문가에 위탁<br>　　　　　　**→ 프로그램 확정**<br>　　　　배정(강사, 운영진, 장소, 예산 등)<br>　　　　참가자 모집(홍보)<br>　　　　실행<br>　　　　운영에 대한 평가 |
| 피드백 반영 | ■ 교육 참가자 및 교회관계자 의견 수렴<br>■ 차기 프로그램 운영 |

The
Church
Lifelong
Education

3부

교회평생교육 운영 가이드, 운영 사례는?

사례 1.  지역사회 선교를 위한 '교회평생교육'을 시작하다
(○○교회)

사례 2. 우리교회는 교회평생교육을 이렇게 시작했어요

사례 3. 우리교회 상황을 살펴볼까요?
(SWOT분석 활용)

사례 4. On-Line을 활용한 교회평생교육

사례 5. 작은 도서관 설립으로 전도하다

## ⊘ 잠깐 들어볼까요?

- **A교회 목사**: 교회평생교육의 운영 단계를 하나하나 살펴보니 이제 조금 자신감이 생깁니다.

- **CLE 가이드**: 정말 다행이고 감사합니다. 목사님, 교회 문화센터를 어떻게 운영하시는지 말씀해주시면 처음 교회평생교육을 준비하시는 교회나 목사님들께 큰 도움이 될 것 같습니다.

- **B교회 목사**: 가이드님 설명을 들으면서 우리교회가 그동안 잘한 것과 잘못한 것들을 체크하고 있었습니다. 그럼 우리교회 사례를 잠깐 말씀드릴까요?

- **CLE 가이드**: 정말 감사합니다. 저도 목사님께서 참고하실 수 있도록 다른 교회의 사례를 말씀드리겠습니다. 교회평생교육을 준비하시고 기획하시는 데 도움이 되시길 바랍니다.

The **C**hurch **L**ifelong **E**ducation

<br>

## 사례 1. 지역사회 선교를 위한 '교회평생교육'을 시작하다(○○교회)

**1) 교회평생교육에 대한 이해와 관심**

우리교회는 먼저 평생교육이라는 용어를 처음 들어본 중직자와 교인들이 대부분이었습니다. 교회교육, 기독교교육은 알고 있었지만 '**교회평생교육**'이라는 용어는 너무 낯설었습니다. 그래서 가장 먼저 '교회평생교육'이 무엇인지에 대한 개념과 필요성을 요약·정리한 내용, 그리고 교회평생교육을 통해 지역사회 선교를 하고 있는 다른 여러 사례 기사들을 당회에 가져가서 교회평생교육에 대해 설명하고 우리 교회도 운영을 하면 좋겠다는 의견을 나누었습니다.

■ 사례 기사와 교회평생교육에 대한 설명과 요약·정리된 자료를 보고 모두들 긍정적인 반응을 보였습니다. 전도가 어려운 현 상황에

서 교회평생교육을 통해 지역사회 주민들이 우리교회에 자연스럽게 발을 들여놓도록 하자는 동일한 목표를 갖고 한 마음으로 이 일을 시작하게 되었습니다. 교회평생교육 위원회(교육부와 선교부)에서 실질적으로 이 일을 맡고 추진하기로 했습니다.

## 2) 교회상황분석과 성도의 달란트 발굴

### (1) 먼저 교회 주보를 통해 교인들에게 안내했습니다.

교회에 '지역사회 선교를 위한 교회평생교육'을 운영한다는 안내를 시작으로, 달란트(재능)를 가진 성도 가운데 가르치기를 희망하는 성도는 예배실 앞에 있는 신청서를 제출하라는 모집 광고를 냈습니다.

### (2) 교회분석

부교역자와 다음 세대 부서 부장(주일학교 교육부장 등)을 중심으로 교회평생교육을 실행하기에 앞서 우리교회의 강점과 약점을 분석했습니다.(공간, 비품, 운영진 등)

### (3) 지역사회분석

부교역자와 선교부장을 중심으로 교회가 소재하고 있는 지역사회의 인구와 선호하는 교육을 분석했습니다(구청 홈페이지, 관내 평생교육기관 등을 통한 분석).

■ 분석 결과

① 먼저 장소에 대해 알아봤습니다. 주일과 토요일을 제외하면 10~20명 가량을 수용할 수 있는 규모의 교육장소가 6개, 그리고 1층의 카페도 교육장소로 활용될 수 있음을 알게 됐습니다.

② 달란트가 있는 성도 중 강사로 섬기기를 희망한다는 신청서를 제출한 성도는 10명 정도 되었습니다. 연령대 및 가진 달란트의 분야도 다양했습니다. 신청서를 내신 성도들의 표정은 무척 밝아 보였습니다. 다시 무엇인가를 할 수 있다는 기대와 자신감도 보였습니다.

③ 우리교회가 소재한 지역은 대도시 중심에 위치해 있고, 지역 주민들은 대체적으로 중산층 이상, 그리고 교육의 욕구가 높다는 것을 알 수 있었습니다.

[사진] ○○교회 카페와 교육장

**3) 교회평생교육 운영 목적에 적합한 프로그램 선정**

교회평생교육 운영목적에 적합한 프로그램 선정을 위해 다음과 같은 일들을 진행했습니다.

**(1) 교회에서 직접 수요조사 및 인터뷰를 실시**

교육부에서 설문지를 작성하여 교인을 대상으로 설문조사를 실시했습니다. 설문 내용은 교회에서 가능한 프로그램 중 배우고 싶은 프로그램, 수강 요일, 참석 가능 시간 등이었습니다. 인터뷰는 교인들 중 지역민(10명)을 대상으로 진행했습니다.

■ 분석 결과

① 문화 예술 분야(그림, 음악, 공예 등), 어학(영어, 일본어, 중국어), 생활 기술 관련(스마트폰 활용, 캘리그라피, 자수 등) 내용들이 주를 이루었습니다. 또한 자녀 양육과 인생 후반 설계에 대한 요구도 있었습니다. 이 조사를 통해 처음에 자원해 주신 영어, 꽃꽂이, 성악 분야 이외에도 서양화, 채색화, 일본어, 사진교실을 섬겨주실 분들도 발굴할 수 있었습니다. 학습요구와 교회 내 성도 중 강의 가능한 주제를 선정하여 영어, 일어, 꽃꽂이, 서양화, 채색화, 사진교실을 먼저 개강하기로 했습니다. 준비 위원회가 많이 바빠졌지만 모두가 감사한 마음으로 이 사역을 섬겨주셨습니다.

② 지역주민 인터뷰 중 지역의 '학습동아리'가 있는데 공간이 없어

서 인근 카페에서 모이기도 한다는 이야기를 들었습니다. 프로그램 운영과 더불어 1층에 있는 교회 카페 공간을, 교회가 사용하는 일정을 제외한 요일과 시간대에 학습동아리 모임을 위해 활용할 수 있도록 지역주민들에게 개방하기 시작했습니다.

### (2) 성도의 재능 및 지역사회 주민을 통한 프로그램 제안 공모

① 교회 성도 가운데 현재 다른 곳에서 강의를 하고 있거나 교육 프로그램(안)을 가지고 있는 성도들이 계셨습니다. 이들의 참여를 유도하고 더 다양한 프로그램을 개발하기 위해 프로그램 제안 공모를 진행했습니다.

　○ 교회 소식지, 홈페이지, SNS, 주보를 통해 공모 안내

② 지역사회 주민들도 이 일에 참여하도록 여러 매체들을 통해 프로그램 제안 공모를 알렸습니다.

　○ 지역사회 소식지, 포스터, 홈페이지, SNS, 교회 주보를 통해 공모 안내


■ 공모 결과

교회에서 7개, 지역사회에서 5개 프로그램이 신청됐습니다. 교역자, 장로 1인, 교육부장, 선교부장, 지역민 2인으로 구성된 평가위원회가 공모 신청을 심사하여 교회의 여건과 상황에 맞는 6개 프로그램을 선정했습니다.

**4) 선정 프로그램에 자원(인적, 물적, 금전적)배정**

교회의 여건과 교회평생교육 목적에 적합한 프로그램을 선정한 후 먼저 인적자원인 강사와 운영진을 배정했습니다.

강사는 우선 외부 강사를 초청하기로 했습니다. 강사 초청 시 가장 우선적으로 고려한 것은 세례교인이었습니다. 이들에게 교회에서 이 프로그램을 운영하는 취지를 분명히 설명했습니다. 운영진은 교회 여선교회에서 순번을 정하여 담당하기로 했습니다. 그리고 운영할 프로그램에 대해 교회 내 어느 공간에서 하는 것이 적합할지 논의한 후 장소를 정했습니다. 또한 금전적 자원인 예산을 구체적으로 세웠는데 재료비가 없는 프로그램은 교육부와 선교부 예산(또는 평생교육 예산안을 새롭게 구성함)으로 충당하고 재료비가 드는 꽃꽂이의 경우 재료비는 참가자 본인이 부담하고 강사비 등 나머지 비용은 교회에서 부담하기로 했습니다.

**5) 참가자 모집**

완성된 강의 계획서를 토대로 성도와 지역민들에게 교회 배움 활동을 적극적으로 홍보했습니다. 브로셔와 신청서를 만들어 주보에 첨부했습니다. 구역장님들께서도 적극적으로 홍보해주셨고 신청자를 받아주셨습니다.

① 교회 내 홍보
: 교회 홈페이지, 주보, 소셜 미디어(블로그, 페이스북, 인스타그램

등), 교회평생교육 유튜브(youtube) 채널 운영을 통해 홍보했습니다.

② 지역사회 홍보

: 지역사회 소식지, 지역신문, 포스터, 현수막, 교회 홈페이지, 소셜 미디어(블로그, 페이스북, 인스타그램 등), 교회평생교육 유튜브(youtube) 채널 운영을 통해 홍보했습니다.

③ 교회카페 공간 활용 가능에 대해서는 지역 구청의 평생학습팀에 안내했습니다. 구청 관계자도 아주 기뻐했습니다.

■ 신청은 구역장과 교회 홈페이지를 통해 신청이 가능하도록 했는데, 교인과 지역민 등 참여자들이 모집 정원보다 많아 우선 신청자에 한해 선정했습니다. 교회 카페 활용도 신청이 많아 교회의 사정을 고려한 시간과 요일에 순번을 정하여 사용하기로 했습니다.

## 6) 교회 성도의 강사양성 준비

달란트는 있지만 누군가에게 가르쳐 본 경험이 없는 성도를 위해 크리스천다운 교수법과 전달법을 배울 수 있는 교수자 연수(교수자 특강 및 세미나)를 실시했습니다.

연수는 교회 주일 예배 후 5주간 3시간씩 15시간에 걸쳐 진행했습니다. 연수 강사는 교회평생교육 전문 기관에 의뢰하여 운영했습니다. 연수의 내용은 강의를 위한 강의 교수법과 학습자와 사랑과 신뢰를 형성할 수 있는 응대 방법, 학습자를 향한 기독교인으로서의 마음가짐 등이었습니다. 교회평생교육은 선교와 복음 전파라는 목적이 있기 때문에 단순히 지식과 기술을 가르치는 것이 아닌 하나님의 사랑을 교육 과정 가운데 자연스럽게 나눌 수 있어야 하고, 그 때문에 교회평생교육 강사양성과정은 매우 중요하다고 생각합니다.

차기 교육프로그램에서는 연수를 받으신 교회 성도님이 강사로 활동하도록 권유했습니다.

**7) 교육활동을 위한 물리적 환경을 함께 점검했습니다.**

강의장으로 사용할 6개 강의실의 좌석 수, 강의에 필요한 요청사항 등을 점검하고 필요한 도구들을 배치했습니다. 예를 들면 꽃꽂이를 위해서는 긴 책상들이 여러 개가 필요하며 쓰레기 봉투와 대형 물통 등이 필요했습니다. 다른 교육장의 책상들을 가져다 배치했고 성악교실을 위해서 피아노 상태를 점검했으며, 빔프로젝트가 필요한 강의는 컴퓨터와 영상시청이 가능한 곳으로 배치했습니다. 수업 전 강의를 담당하실 분과 각 강좌의 총무님들이 오셔서 강의장 시설 사용법을 확실하게 익혔고, 매주 강의 시작 30분 전에 강사와 운영진(총무)들이 오셔서 강의를 위한 시설을 점검하고 준비하기로 했습니다.

**8) 교육 운영 중 탈락자가 없도록 관심을 가짐**

교육기간은 교육과정마다 다르나, 평균적으로 4-8주간 진행했습니다. 운영 중 결석한 분이 계시면 운영진에서 왜 못 나왔는지를 확인했습니다. 그리고 결석 주차에 관련 내용 및 자료를 SNS를 통해 보내드렸습니다. 따라서 교육 종료 후 중간 탈락자는 과정마다 5% 미만이었습니다. 운영 중 교육 내용 이상으로 중요한 것이 사랑의 마음으로 기도하고 준비하는 것, 참석자들을 향한 따뜻한 환대와 관심과 격려임을 느꼈습니다.

### 9) 교회평생교육 운영 목적에 대한 점검

마지막으로 교회평생교육을 운영한 목적에 대한 점검과 성찰의 시간을 가졌습니다. 교회평생교육 운영의 목적은 지역사회에서의 교회의 역할을 통한 긍정적인 교회 이미지 확립과 선교입니다. 이러한 목적에 부합했는지 교회평생교육 운영 전반에 대해 점검했습니다.

① 프로그램 참여자 중 교회에 등록한 분이나 교회 예배에 관심을 보인 분들을 체크했습니다. 교회에 등록하신 분은 새신자(새가족) 카드로 확인하고 관심을 보인 분들은 교육 종료 후에도 전도 대상자로 생각하고 운영 총무를 통해 꾸준한 관심과 사랑을 전하기로 했습니다.

② 성도들이 자신의 달란트(재능)로 활동할 기회를 가질 수 있도록 교회평생교육 강사를 하고자 희망하는 성도를 파악하고 연수를 실시했습니다.

③ 교육 후 학습한 내용에 관해 지속적인 관심을 갖고 교회와 지역사회에서 활동할 수 있는 교회학습동아리가 조성되었는지 파악했습니다. 교회학습동아리 리더는 가능한 교회 성도가

되도록 했습니다.

## 10) 교회평생교육 운영 과정을 마치고

과정마다 운영 마지막 주에는 강의에 대한 전반적인 소감과 평가가 어떠한지 파악하고자 참여자들에게 설문지를 배포하고 그 결과를 토대로 강사진, 총무, 운영위원회가 강의평가회를 개최했습니다.

많은 성도들이 교회 내에서의 배움 활동을 통해 잘 모르던 교회 식구들과 알게 되고 친교의 시간을 갖게 되어 서로 신앙적으로도 성장하는 좋은 시간이었다는 의견과, 새로운 배움을 알게 되어 유익했다며 앞으로 계속 강좌를 열어달라는 의견, 이렇게 배운 내용으로 교회 봉사를 해보고 싶다는 의견, 배운 내용을 바탕으로 발표회나 전시회를 개최하자는 건의 등 다양한 의견들을 주셨습니다.

운영진들과의 평가회의를 통해서는 강의 분야를 좀 더 확대할 필요가 있으며 교인 중 강의할 분이 안 계시면 외부 강사 초빙의 형태로 진행하자는 의견이 있었고, 지역사회 주민과 함께하는 프로그램으로 발전시켜 누구나 교회의 문턱을 어렵지 않게 넘어오게 하고, 그것을 자연스럽게 전도의 기회로 삼아야 한다는 의견이 많았습니다.

또한 배움의 공동체와 더불어 봉사를 희망하는 성도들을 모집하여 함께 봉사하는 모임도 필요하다는 의견이 있었습니다. 교인들과 지역주민 참여를 위해 초청 강사 특강을 진행한다면 영성, 교양 분야 등 다양한 주제로 강의를 여는 것이 성도들의 성장과 지역주민의 전도를 위해 좋은 기회가 될 것이라는 의견이 있었습니다.

이를 토대로 수강 대상을 교인 및 지역주민으로 확대하고 지난
번 교인 설문조사를 통해 파악된 교인 중 강사가 없어 개강하지 못
했던 커피 교실, 프랑스 자수 교실을 외부 강사 초빙의 형태로 진행
할 예정이며, 70세 이상 성도들이 주요 대상이 되는 인생 대학을 기
획하려 합니다. 또한 어린아이를 양육하는 부모님들을 위한 아이학
교, 애착부모학교 등 타 교회의 모범 사례를 벤치마킹하고 이와 관련
된 강사를 초빙하여 특강 형태의 강좌도 교인과 지역주민을 대상으
로 실시할 계획입니다.

**※ 담임 목사님 소감**

교회가 세상 속으로 더욱더 들어가야 하는 시기입니다. 우리 어린
시절에는 여름성경학교에서 간식을 준다고 하면 평소 교회에 안 나
오던 아이들도 간식을 받으러 3일간 우르르 나오기도 하고 그 중 몇
명은 계속 교회에 나오게 되면서 하나님을 알게 되기도 했습니다.
또 거리로 나가 전도지를 나눠주며 노방 전도를 하기도 했습니다. 이
런 여러 가지 방법들은 결국 사람들을 만나기 위함이었습니다. 그러
나 지금은 부모가 교회에 나오지 않으면 자녀들은 올 수 없는 현실
입니다. 가나안성도라 불리는 이들도 많습니다. 온라인예배를 전부
로 아는 이들도 있습니다. 이렇게 많은 것이 급변하는 시대에 우리
교회들은 좀 더 지혜로운 방법으로 사람들을 만날 준비를 해야 하
고 그러기 위해선 이전보다 더욱 다양한 방법들을 찾아야 합니다.
교회 내에서의 배움이 성도의 영적 성장과 하나님을 모르는 지역주

민들에게 하나님을 만날 수 있는 기회로 쓰임 받을 수 있도록 해야
할 것입니다.


## 사례 2. 우리교회는 교회평생교육을 이렇게 시작했어요


우리교회는 서울 양천구에 있으며 교인은 350명 정도 됩니다. 본당
은 2층에 있고 1층에는 사무실과 카페가 있습니다. 교회평생교육을
시작하기 위해 우리교회가 가장 먼저 한 일은 지역에 교회를 개방하
는 것이었습니다. 많은 교회들이 교회의 주차장이나 화장실 등을 지
역에 개방하고 있습니다. 우리교회도 지역주민과 소통하기 위해 개
방을 결정했고, 보다 좋은 환경을 제공하기 위해 화장실과 카페, 주
방을 리모델링했습니다.


**1) 지역주민에게 교회공간을 개방**
  ① 카페오피스(카페 내에 컴퓨터와 프린트기를 설치하여 지역주민들이 용
     지만 가져오면 무료로 출력 가능하도록 했습니다)
  ② 화장실(교인 외에도 누구나 화장실을 이용할 수 있도록 개방했습니다)


**2) 카페**
  ① 카페는 따뜻함과 쉼의 여유를 가질 수 있는 분위기를 연출하

고자 노력했고 한 컨에 자그마한 서가를 마련하여 오시는 분들 누구나 책을 볼 수 있도록 했습니다.

② 카페 내에 있는 공간을 활용해 키즈카페를 만들어 부모들이 어린자녀와 함께 교회를 찾을 수 있도록 유도했습니다.

※ 잠깐! 이렇게 말씀 드리니 교회예산이 염려가 되시죠? 우리교회도 일반 키즈카페처럼 꾸미지는 못하고 안전한 공간과 아이들이 좋아하는 장난감, 블록 등만 우선 비치했습니다. 그럼에도 엄마들은 책을 보면서 차를 마시고, 아이들은 즐겁게 노는 것을 카페에서 볼 수 있었습니다.

③ 와이파이는 벽이나 카운터에 번호를 제시하지 않고 테이블마다 QR코드를 부착하여 스마트폰으로 간편하게 이용할 수 있도록 했습니다. 접속시 성경구절이 먼저 나오고 뒤에 와이파이 번오가 나오도록 해서 잠깐이나마 복음을 접할 수 있도록 했습니다.

## 3) 성도의 달란트 발굴과 섬김의 역할

교회에 제빵 기술을 가지고 계신 집사님이 계셨습니다. 이 집사님의 달란트로 카페에서 스콘을 만들어 성도와 지역주민들에게 저렴하게 제공하고 있습니다. 이 외에도 요리, 그림 등 다양한 달란트를 가지신 분들이 많이 계십니다. 누군가에게 자신이 알고 있는 것을 전달하는 기법(교수기법) 역량을 키우기 위해 교회에서 신청을 받아 외부 강사분을 초청하여 교수기법 연수 프로그램을 진행하고 있습니다.

## 사례 3. 우리교회 상황을 살펴볼까요?

강점(strenth), 약점(weaknesses), 기회(opportunities), 위협(threats)

• CLE-가이드: 안녕하세요! 목사님.

• 박목사: 안녕하세요! 만나서 반갑습니다. 친한 목사님께 추천을 받아서 우리교회도 교회평생교육을 진행해보려고 하는데 어디서부터 시작해야 할지 몰라 이렇게 가이드님을 찾아왔습니다.

• CLE-가이드: 목사님! 정말 잘 오셨습니다. 환영합니다. 가장 궁금한 점이 무엇일까요?

• 박목사: 친구 목사님의 추천을 받았지만, 사실 교회는 복음 전하고 지역주민들에게 봉사로 사랑을 실천하는 공동체이지 다양한 교육 프로그램을 운영하는 게 어떤 의미가 있을지 의문이 듭니다.

• CLE-가이드: 네! 목사님. 목사님 말씀에 충분히 공감합니다. 그런데 예수님도 가르치시는 사역에 힘쓰셨고, 교육은 교회의 중요한 사명입니다. 교회평생교육은 삶의 모든 영역을 아우르는 교육으로 성도들의 영적 회복과 성장, 그리

고 각자의 달란트를 발견하는 데 도움이 됩니다. 또한 지역사회 주민들이 교회로 발걸음을 쉽게 옮기도록 돕는 선교의 한 도구입니다.

- 박목사: 가이드님의 설명을 들으니 교육이 교회의 사명이고 선교의 방법임을 새삼 깨닫습니다. 우리교회는 성도 수 삼사백 명 규모의 교회입니다. 주변의 대형교회들은 문화센터도 있고 평생교육원도 운영하고 있습니다. 그런데 우리교회가 그런 교육을 감당할 수 있을지 솔직히 걱정이 됩니다.

- CLE-가이드: 목사님! 하실 수 있습니다. 저와 함께 천천히 살펴보실까요? 제가 몇 가지 질문을 드리겠습니다. 이 질문들은 SWOT분석을 활용한 질문들입니다.

- 박목사: SWOT분석이라… 너무 어렵게 들리는데요.

- CLE-가이드: 어렵지 않습니다. 목사님! SWOT분석은 비즈니스의 전략적 계획을 수립하기 위해 강점, 약점, 기회, 위협을 알아보는 데 사용하는 기법입니다. 어려워 보일 수 있지만 실제로는 아주 간단합니다. S는 강점(strenth)인데요, 섬기시는 교회와 성도님들이 잘 하는 것은 무엇인지, 특별한 점은 무엇인지 알아보는 것입니다. 지역사회 주민들이 교회에서 좋아할 점은 무엇일지도 알아보는 것입니다.

- 박목사: 아! 우리교회의 강점이요? 우리교회는 성도님들이 참 좋습니다. 열정적으로 서로를 나누고 헌신하는 모습이 목사인

저도 절로 고개가 숙여지게 합니다. 또 교인들의 재능도 다양합니다.

• CLE-가이드: 교인들이 어떤 달란트를 갖고 계신가요?

• 박목사: 우리 성도님들 손재주가 진짜 좋으세요. 행사마다 풍선으로 온 교회를 꾸며주시는 성도님, 노숙인들을 돕는 사역에 미용으로 봉사하시는 집사님, 식당을 하시면서 지역의 어려운 곳에 김치나 반찬을 제공해 주시는 권사님, 또 옷을 직접 만들어 주변에 나눠주시는 집사님도 계십니다. 제 아내도 멋진 원피스를 선물받았습니다. 또 교회 규모는 크지 않지만 우리 악기팀도 훌륭합니다. 드럼을 연주하는 청년은 대학원에서 실제로 드럼을 전공하는 전문가입니다. 기타, 바이올린, 플룻, 첼로 등 성도님들이 다룰 수 있는 악기들도 다양합니다. 우리교회에 그 모든 악기를 다루는 지휘자 집사님이 계시는데 그분이 이렇게 악기팀을 풍성하게 이끌고 계십니다.

• CLE-가이드: 목사님! 정말 멋진 교회고 멋진 성도님들이시네요.

• 박목사: 제가 너무 자랑을 했나요?

• CLE-가이드: 아닙니다. 목사님. 말씀해주신 그 모든 것이 교회가 가지고 있는 소중한 자원입니다. 지금까지 그 자원을 교회를 섬기는 데 사용했다면, 이젠 그 일들을 확장해서 지역사회로 펼쳐가는 것이지요. 지금까지 말씀하신 일들 전부 교육의 주제가 될 수 있습니다.

- **박목사**: 교육의 주제요? 아… 그러니 또 어려워지는데요.

- **CLE-가이드**: 목사님. 그럼 왜 어려운지 W를 통해 알아보겠습니다. W는 약점(weaknesses)으로 우리교회가 교회평생교육을 진행하는데 어떤 어려운 점이 있는지 살펴보는 것입니다.

- **박목사**: 우리교회는 주일학교와 제자학교는 진행하고 있지만, 그 외 다른 강의는 진행해 본 적이 없습니다. 이렇게 경험이 부족한 상황에서 가이드님은 교육의 주제가 있다고 하시는데 구체적으로 누가 그걸 실행해야 하고, 어떻게 해야 하는지 아직은 막연합니다.

- **CLE-가이드**: 그럼 바로 다음 단계인 O를 말씀드리겠습니다. O는 (opportunities)로 기회를 의미합니다. 여기서는 기존의 강점과 약점의 결과 이외에 우리가 원하는 목표를 달성하게 도와주는 외부 자원을 말합니다. 약점을 개선하도록 도와줄 수 있는 자원이나 방법들이 있는지 살펴보는 것이지요.

- **박목사**: 말하자면 도와주는 외부 자원이란 지금 가이드님 같은 분을 말씀하시는 거군요.

- **CLE-가이드**: 네, 그렇습니다. 이 외에도 인근 교회의 사례라든지, 지금 교회가 있는 시군동의 학습 관련 정보도 자원이 될 수 있습니다. 자원은 인적자원뿐 아니라 물적자원 등이 모두 포함됩니다. 마지막으로 T를 말씀드리겠

습니다. T는 위협(threats)으로 문제를 야기할 가능성이 있는 요소들을 말합니다. 위협은 외부요인으로 대체로 통제할 수 없기 때문에 교회 안의 약점과는 다릅니다. 지금의 코로나 팬데믹부터 여러 사회 경제 상황, 환경 변화까지 다양한 요인이 포함됩니다.

- 박목사: 그럼 지금 당장 교회평생교육을 실천하기 어렵겠네요.
- CLE-가이드: 상황이 어렵더라도 기도하며 이겨나갈 방법들을 고민하면 피할 길을 주시지 않을까요?
- 박목사: 아멘! 맞습니다.
- CLE-가이드: 요즘 시대적으로 어떤 교육적 요구가 있는지, 우리교회 주변에 살고 계시는 주민들은 어떤 영역에 관심이 있는지 잘 파악하고 여기에 새로운 교육 트렌드까지 반영된다면 지역주민들에게 교회평생교육이 아주 매력적으로 다가갈 수 있지 않을까요?
- 박목사: 벌써부터 기대가 됩니다. 저 혼자만 생각해 보는 것이 아니라 장로님, 권사님, 여러 집사님들과 머리를 맞대고 아이디어를 찾아봐야겠습니다. 멋진 아이디어가 많이 나올 것 같습니다. 교회 단합도 될 것 같고, 그동안 알지 못했던 성도님들의 장점도 발견할 것 같습니다. 무엇보다 교회평생교육이 왜 중요한지 전해드리고 싶네요.
- CLE-가이드: 목사님 말씀을 들으니 제 가슴도 뜁니다. 그럼 교회에 가셔서 의논하시고 다시 뵙도록 하겠습니다. 감사합니다!

• 박목사: 감사합니다. 빠른 시일 내에 다시 뵙겠습니다.


## 사례 4. On-Line을 활용한 교회평생교육

• CLE-가이드: 안녕하세요! 목사님.

• 김목사: 네, 안녕하세요! 제가 친한 목사님한테 언뜻 듣긴 했는데…
아무래도 가이드님께 묻는 게 더 정확할 것 같아서요.

• CLE-가이드: 네, 무엇을 알고 싶으신가요?

• 김목사: 연회에서 들었는데, 작은 교회도 온라인으로 평생교육을
할 수 있고, 또 그렇게 하고 나서 그 교회의 성도가 대폭 늘
었다는 이야기를 들었어요. 지역사회 주민들도 아주 좋아한
다고요. 우리교회는 개척교회라서 사역자도 저 밖에 없고…
평생교육은 할 생각도 못 하고 있습니다.

• CLE-가이드: 네, 그러셨군요. 온라인으로도 교회평생교육을 할 수
있습니다. 지역주민들도 참여할 수 있어서 반응이 참
좋다고 해요. 온라인이라 지역에 상관없이 할 수 있고,
수강료도 무료예요. 국비 지원을 받을 수 있는 강의도
있고, 민간 자격증을 딸 수도 있어요.

• 김목사: 아, 그렇군요. 어떻게 하면 되는지 자세히 알려주세요.

- **CLE-가이드**: 일단 여기 사이트[10]를 보세요. **지역사회 열린 학교** **(COS: Community Open School)**에 대한 기사입니다. 어느 교회나 관계자가 신청(www.kwccc.co.kr/☎1566-1268)하고, 교회는 지역주민 누구나 초청해서 회원가입을 하게 하면, 한국직업능력개발원에 등재된 40여 가지의 민간자격과정을 무료로 이용할 수 있습니다.

- **김목사**: 교회에서 할 일은 제가 신청만 하면 됩니까?

- **CLE-가이드**: 네, 교회별, 개인별 회원가입 시 누구나 무료로 이용할 수 있고, 교회 단체 가입자는 중앙의 메인 서버에 접속하여 이용할 수 있게 하는 별도의 랜딩 페이지 (https//:cos.ekcls.com)를 독립적으로 운영할 수도 있습니다. 목사님께서 단체로 신청하시면 교회는 이 시스템을 통해서 그 지역의 온라인 거점 플랫폼 역할을 하게 됩니다.

- **김목사**: 주객이 전도되어서 평생교육 이용만 하고 교회 성도가 되지 않는 경우도 생기지 않을까요?

- **CLE-가이드**: 네, 그럴 수도 있습니다. 하지만, 코로나 때문에 전도가 더욱 힘들어진 것은 목사님도 피부로 느끼시리라 생각합니다. COS가 언택트 시대에 알맞은 전도 방법이 될 수도 있겠지요? 특히 아이들은 비대면 교육에

---

10    http://www.cknews.co.kr/news/articleView.html?idxno=17053

익숙해졌기 때문에 온라인을 이용한 전도나 온라인을 이용한 교회평생교육이 예전에 비해 더욱 수월해졌습니다. 교회가 속한 지역을 중심으로 봉사하고 섬기며 더 나은 삶의 기회를 제공한다면, 이것 또한 좋은 전도 방법이라고 생각합니다.

- 김목사: 그럼 아이들과 관련된 교회 평생교육도 그 안에 있나요?

- CLE-가이드: 원래 COS가 '북카페 작은 도서관'으로부터 시작되었습니다. 10여 평의 공간에서 1천 권 정도의 책과 6석 정도의 좌석으로 교회 안에서 소규모 문화공간을 운영하다가 이렇게 커진 것입니다. 서적 대출, 신앙 상담을 하다가 교회평생교육으로 확대된 것이지요.

- 김목사: 그 외에 다른 어떤 좋은 점이 있을까요?

- CLE-가이드: 음, 다양한 관계 전도 프로그램을 펼치고 그 가운데 다음 세대를 양육하며 지역주민들과의 다양한 문화적 소통을 기대할 수 있습니다. 더 나아가 지역주민을 위한 평생교육과 무상교육을 통해 그들의 새로운 일자리를 창출하는 창업 교육까지 가능합니다.

- 김목사: 네, 아주 좋군요. 한 번 도전해보겠습니다!

- CLE-가이드: 목사님, 열심히 응원하겠습니다. 문의 사항이 있으면 언제든지 연락주세요.

## 사례 5. 작은 도서관 설립으로 전도하다

교회평생교육은 규모가 큰 교회만 운영을 하는 것이 아니라 규모가 작은 교회도 운영이 가능합니다.

교회 공간을 활용하지 않는 시간을 이용하여 교인 중 달란트가 있는 성도가 지역주민이나 교인을 대상으로 피아노, 그림 그리기, 이미지 관리기법, 외국어 등의 평생교육을 운영 할 수 있습니다. 교회평생교육은 무엇보다 지역주민들이 자연스럽게 교회에 발을 들여놓도록 하는 것이 중요합니다.

또한 작은 도서관 설립으로 지역주민과 소통하면서 교회를 성장시킬 수 있습니다.

작은 도서관 설립은 신고제로 일정한 요건만 갖추면 개설할 수 있고 지방자치단체의 지원까지 받을 수 있습니다. 작은 도서관은 지역 내 작은 교회가 취할 최적의 전도 전략입니다.

작은 도서관은 교회에 단 10평의 공간을 내어 1천 권 정도의 도서와 6석 이상의 좌석을 마련하는 것만으로도 운영할 수 있고 관련 사업을 문화체육관광부가 주관하는 만큼 교육부가 주관하는 대안학교 등과 달리 설립과 운영, 평가와 관리, 감독으로부터 한결 자유롭습니다.

경기도 광주 청림교회(장윤제 목사)는 2013년부터 '작은 도서관'이라는 지역주민과 소통할 수 있는 플랫폼을 만들었습니다.

장목사는 나아가 교회 문턱을 낮춰 지역주민들이 쉽게 찾을 수 있도록 작은 도서관을 '북카페' 형식으로 전환했습니다. 커피를 제공하고 지역주민을 초청해 관계 전도를 열어갔습니다. 카페 옆에 블록 장난감 공간을 만들자 더 많은 아이와 학부모가 찾기 시작했습니다. 수요가 늘자 원어민 영어교육 프로그램도 진행했습니다. 다문화 가정과 결손 가정이 많은 지역임을 감안해서 지역아동센터도 설립했습니다. 또한 지역주민들을 위한 평생교육과 직업교육, 심리상담 등을 진행하자 입소문이 나면서 교회를 찾는 이들이 늘었습니다.

북카페 작은 도서관은 지역주민과의 소통을 위한 교회 내 생활 친화적 소규모 문화공간입니다. 주로 독서 및 문화 프로그램을 통해 지역주민과 자연스럽게 소통하며 마을공동체 문화를 형성하는 지역 돌봄 문화 서비스 기관으로, 지역주민들 간 자연스러운 친교와 문화 활동으로 자원봉사, 홍보, 교육 품앗이, 재능기부 등 지역의 화합과 문화공동체를 형성하는 문화사랑방의 역할을 하게 되었습니다.

지역주민을 섬기고 그들과 소통하며 자연스럽게 선교와 전도로 이어질 수 있는 작은 도서관은 코로나시대 이후 선교의 원동력을 점차 상실해 가는 교회가 부흥하고 성장할 수 있는 모범 사례로 주목받고 있습니다.

# 참고문헌

고영수(1993). 한국교회 성인교육을 어떻게 할 것인가? 목회와 신학 통권, 48권.

곽성주(2010). 교회의 평생교육에 대한 지역사회의 인식과 요구분석. 전남대학교 대학원 석사학위논문.

권진하(2010). 교회학교 교사 지원을 위한 블렌디드 협동학습 시스템 개발 및 적용. 숭실대학교 대학원 박사학위논문.

권혁필(2009). 교회평생교육 활성화 방안 연구. 한국방송통신대학교 대학원 석사학위논문.

권희철(2014). 교회 평생교육에 대한 수요분석을 통한 중·소형 교회 평생교육 모형 개발. 숭실대학교 대학원 박사학위논문.

김건수(2012). 평생교육적 관점에서 본 교회교육에 관한 고찰. 한신대학교 대학원. 석사학위논문.

김도일(2021). 선교적 교회론 교육과 기독교교육적 함의: 현대사회의 변화와 위기 상황 대응을 위한 선교적 교회론. 선교와 신학, 54, 139-174.

김동일(2019). 한국교회의 사회활동과 교회평생교육 고찰: 호남지역 교회 중심으로. 예술인문사회융합 멀티미디어 논문지, 9(11), 67-79.

김두영(2013). 장애인 평생교육 프로그램 분류체계 연구. 단국대학교 대학원 박사학위논문.

김민지(2013). 평생교육을 위한 교회시설활용에 대한 목회자의 인식도 연구-백석대학교 기독교전문대학원 및 신학대학원을 중심으로. 백석대학교 대학원. 석사학위논문.

김진화, 고영화(2009). 평생교육 프로그램 분류체계 연구. 서울:평생교육진흥원.

김희선(2019). 교회 평생교육 참여동기와 교육만족도, 학습몰입, 참여지속의도 간의 구조분석. 백석대학교 교육대학원 석사학위논문.

로이 B 주크(2011). 예수님의 티칭스타일. 서울:디모데, p.30-31.

류은정(2018). 마을교육공동체를 위한 지역교회의 역할. 선교와 신학, 44, 259-288.

박수진, 정은영(2022). 교회평생교육 관련 국내 연구 동향 탐색. 기독교교육논총, 68, 221-251.

성호숙(2010). 다원주의사회에서 샬롬의 구현을 위한 기독교 교육적 방안 연구. 총신대학교 대학원 박사학위논문.

안묘화(2013). 교회평생교육 참여자의 학습경험: 대전지역 S교회 프로그램 참여자 중심으로. 공주대학교 대학원 석사학위논문.

양승준(2017). 교회갱신을 위한 지역사회 돌봄과 섬김의 리더십 훈련 연구: 세이비어교회의 섬김의 리더십 학교를 중심으로 분석. 한국기독교교육정보학회, 54, 215-249.

연지연(2012). 교회 평생교육 프로그램 참여자의 참여 동기와 만족도 연구. 숭실대학교 대학원 석사학위논문.

이동현(2013). 도시를 춤추게 하라. 서울:두란노서원.

이복희, 김종표, 조성희(2017). 교회교육공감교수법. 서울:아름다운 동행.

이복희, 유인숙(2020). 평생교육프로그램 개발론. 서울:양성원.

이학준(2011). 한국교회, 패러다임을 바꿔야 산다. 서울:새물결프러스.

임영섭(2009). 한국 기독교 평생교육 변천사 연구. 아주대학교 대학원 석사학위
논문.

전영호(2005). 1884년 이후의 기독교교육 변천 연구: 평생교육 실천 관점에서.
단국대학교 대학원 석사학위논문.

조성희(2017). 결혼초기부부의 교회평생교육 학습경험 의미 탐색. 백석대학교 대
학원 박사학위논문.

황하은(2010). 평생교육 관점에서 본 성인전기 교회교육 프로그램에 관한 연구.
장로회신학대학교 대학원 석사학위논문.

경기도교육청(2022). 안전한 현장체험학습 운영 지침.

경기도평생교육진흥원 한국평생교육연구소(2016). 경기도 평생교육 프로그램 6
대 영역 분류 가이드, 부록 3.

드림원격교육원 http://www.kwccc.co.kr/

분당우리교회 https://tv.woorichurch.org

한국복지목회협의회 http://www.coslib.org/

# 지역사회 선교의 도구, 교회평생교육

**초판 발행** 2023년 8월 1일

**지은이** 교회평생교육연구소
**펴낸이** 박지나
**펴낸곳** 도서출판 지우
**출판등록** 2021년 6월 10일 제399-2021-000036호
**이메일** jiwoopublisher@gmail.com
**인스타그램** instagram.com/jiwoopub
**페이스북** facebook.com/jiwoopub

**ISBN** 979-11-977440-6-8 03370

ⓒ 교회평생교육연구소

## 지우

겸손하고 선한 그리스도인들을 위한
좋은 책을 만듭니다.